期待値を超える

僕が失敗しながら学んできた仕事の方法

松浦弥太郎

光文社新書

はじめに

これまで僕は一体何をしてきたのだろうと考えることがあります。もし肩書をつけるとしたら何だろうと。主には執筆をしたり、書籍や雑誌の編集をしたり、会社経営をしたりしてきましたが、ふと頭に浮かぶのは、商売人という肩書です。

商売人とは、商《あきな》いをする人のこと。僕は「自分」という資本をもとに、十代終わり頃からずっと商いを続けているように思います。

商いというと、物売りのように誤解する方もいるかもしれませんが、僕にとって商いとは、世の中の役に立つこと、人々に喜ばれること、感動されることで得られる、価値と対価の交換であり、ひとつも嘘のない健全な行為だと思っています。

高校を中退してアルバイトを始めたのは一七歳のときでした。アルバイトでは、喫茶店のウェイターや引越し屋、ビラ配り、ビル掃除、建設作業員などさまざまな職種を経験しています。あの頃は、お金が貯まると、夢を抱いてアメリカを旅していました。

いま思えば、当時の僕が売りものにしていたのは、若さと体力、そしてひたむきさだったのでしょう。どこの職場でも真面目に働けば働くほど重宝されました。だけど、「ひたむき」という、ありきたりのものに高い値段はつきません。

どうしたら自分という人間の価値は上がっていくのだろう——。

いつもそんなことを悶々《もんもん》と考えていました。

アメリカで出会った書店文化

アメリカ各地で、僕が夢中になったのは本屋巡《めぐ》りです。当時、アメリカには魅力的な本屋がたくさんありました。店主の個性が品揃えに反映されているから、当然、店に来るのはその分野を好きな人たちです。ゆったりと座れるソファが置いてあって、美しい音楽が流れ、コーヒーを出す店もあったりして、とてもいい空気が流れていました。

英語が読めない僕が熱心に見ていたのは、ビジュアルブックとして優れた古い洋雑誌や希少なアートブックでした。登場するファッションも、インテリアやデザインも僕の目からはとても洗練されているように見えたのです。

そのうち日本にもこんな素晴らしいビジュアルブックを必要とする人がいるかもしれないと思いつきました。まだインターネットがなく、日本ではほとんど手に入れることができませんから、アイデアソースとして、デザイナーやカメラマンなどクリエイティブな職業の人たちは興味を示してくれるのではないか、と考えたのです。

僕は帰国してすぐにアメリカで買い集めた本の販売を始めました。店舗は持たず、たくさんの本をトートバッグに詰め込んでデザイナーやカメラマンの事務所を訪れて、商談をする。いわゆる訪問販売です。

少しずつ本は売れるようになり、顧客から好みの注文を受けて本を探すようにもなりましたが、その時はそれだけでは食べていけず、さまざまなアルバイトを掛け持ちしながらの日々でした。僕が二十代後半から三十代にかけてのことです。

その後、知り合いの洋書店の一角を間借りして本を並べて売るようになり、小さな店舗を営《いとな》みながら、トラックによる移動書店をスタートさせ、三五歳のときにパートナーを得て「COW BOOKS（カウブックス）」を開業。商いは、少しずつ軌道に乗っていきました。

雑誌の編集に必要なのは商売のスキルだった

『暮《くら》しの手帖』の編集長に就任したのは、四〇歳のときです。雑誌の編集部に所属したことがないどころか、会社員としての経験もない僕にとって、とても大きな変化でした。僕に与えられた使命は、売り上げを伸ばすこと。就任したとき、発行部数は最盛期の十分の一くらいまで落ち込んでいたのです。

編集長に就任して気がついたのは『暮しの手帖』は、いいもの、正しいもの、暮しの手帖らしさにこだわりすぎて、時代の新しい感覚を捉えずに作り続けてきた結果、ビジネスとして低迷したということです。いいもの、正しいものが売れるとは限りません。暮しの手帖らしさが時代に合うとも限りません。それならば、自分なりに『暮しの手帖』を再定義して、この雑誌づくりをどう「商売」に結びつけるか。これが編集長としての僕の課題でした。

僕は仕事をしている以上、常に自分は商売をしていると考えることが大事だと思っています。商売という言葉に、自分の利益を最優先するようなネガティブな響《ひび》きを感じる人もいるようですが、自分だけが得をするような商売は決して長続きしません。人の期待値を超えること――とにかく、人に尽くし、相手が喜び、得をして、そのおかげで自分も最後に利益を得ることが商売の基本です。だからこそ信用が得られ、商売を続けていくことができます。

僕は『暮しの手帖』でも商売の基本に取り組みました。自分が思う以上のかなり厳しい戦いが続き、結果が出るようになったのは五年を過ぎてからだったでしょうか。最終的に、売り上げ部数は数倍まで伸び、自分なりの商売の醍醐味《だいごみ》を実感することができました。編集長を務めた九年間で鍛《きた》えられたのは、編集のスキルではなく、さらなる商売のスキルだったことは間違いありません。

仕事で会う相手は、自分で選ぶことができない

そして、四九歳のときに編集長を退任し、ＩＴ業界に飛びこみ、現在、株式会社おいしい健康で共同ＣＥＯを務めています。ここ数年、ビジネスのスケールが大きくなったことで、

立ち位置としての世界が新たに開かれていきました。扱う資本の大きさも責任の重さもこれまでとは比べものになりません。しかも僕は、会社で一番難しいことをやらなくてはならないのです。

会社で一番難しいこと——。何だと思いますか。

それは、マーケティングでもプログラミングでもありません。世の中とのコミュニケーションです。僕たちは小さなスタートアップですから、自分たちのことを何も知らない人、事業に何も特別な価値を感じていない人に、一からビジネスを説明し、理解や協力、支援を提案しに伺《うかが》います。会社にとってもっとも大切な部分ですから、まったく気が抜けません。

自分たちのアイデアのどこが素晴らしいのか、未来に対してどんなヴィジョンをもっているのかを伝え、業績を上げるにはどうすればいいのか。これからの事業はどうなるのか。プレゼンテーションに行きたくない。商談なんてしたくない。わかってもらえない人たちには会いたくない、と気が重くなることもたびたびあるでしょう。入念な準備をして向かったのに、まったく理解されないこともたくさんあります。

タフな交渉を重《かさ》ねて実感したのは、やはりコミュニケーションの大切さです。

仕事で会う相手は、自分で選ぶことができません。苦手だ、好きになれない、と感じることもあるでしょう。それでも伝えるべきことを伝え、相手の期待値を超え、成果をつかみ取っていかなくてはならないのが仕事だと思うのです。

仕事の楽しさは、コミュニケーションの質であり、築《きず》く人との関係性にあります。互いを信頼し、最大限の力を発揮するために必要なのは、とにかくコミュニケーションという、チャレンジでもあります。僕はこの経験を通じて、さらに仕事が楽しくなりました。三十代、四十代は、準備期間だったと思えるほどです。

この本では、リアルな仕事の現場で必要とされるコミュニケーションの大切さをお伝えしたいと思っています。大事なプレゼンテーションの日、重要な打ち合わせや会議など、ここ一番の勝負もある一方で、仕事の世界では大なり小なり、毎日何かしらの山があります。そのために心と体のコンディションを整《ととの》え、どんな準備をしておくといいのでしょうか。

今、仕事で苦しい想いを抱えている人が、不安を取りのぞき、自信を取り戻すヒントになることを願って書いています。ぜひ読んでください。

松浦弥太郎

カバーデザイン／橋本千鶴
構成／今泉愛子

期待値を超える

目次

第四章 交渉する

第五章　トラブルを乗り越える

第六章　商売人として生きていく　151

第一章 商いとはなにか

商いの本質に気づく

ほとんどのビジネスは、世の中の人にお金や時間を使ってもらうことで成立しています。そう、お金と時間の奪い合い。商売をしている企業も個人も、自分たちの製品やサービスを買ってもらったり、自分たちが作ったテレビ番組やゲームにできるだけ多くの時間を使ってもらったりすることで利益を生み出すのです。

『暮しの手帖』で編集長を務めていたとき、僕に与えられた使命は、この雑誌をビジネスとして成功させること——つまり、誌面を刷新《さつしん》して部数を上げることでした。

どうすれば、読者が『暮しの手帖』にお金と時間を使ってくれるようになるだろう。

僕は日々常にそのことを考えていましたが、なかなか思うように数字が上がりません。かつて経験したことがないほど厳しい日々を送っていました。

ヒントを見つけたのは、意外な場所です。

その日、僕はとても疲れていました。仕事に手応えが感じられず、気分が沈んでいたのです。まだ家に帰りたくないけれど、お酒を飲みに行く習慣もない。そんな僕にうってつけの場所が夜中のコンビニでした。

何か欲しいものがあったわけでもないのに、なんとなくコンビニに足が向かったのです。店内を歩き回るうちに、自分はなぜここにいるのだろうと考えました。

この時僕の重苦しい気分を一瞬にして変えてくれるような商品が何かあれば、パッと飛びついたでしょう。僕は重い心を抱えきれなくてコンビニのなかをグルグルと歩き回っていました。

その時、あることに気づいたのです。

コンビニには僕と同じような人が、たくさん来て、ある人は雑誌を、ある人はカップラーメンやスイーツを見つけた瞬間に気持ちが軽くなり、買って帰るのではないか。

人はみな、いつも何かに困っています。困っている何かが見つからずに困っている人もいるかもしれない。

だから、今、自分が直面している悩みを解決してくれること、今の自分の不安感を取りのぞいてくれること、嫌な気持ちを忘れさせてくれるもの、困った気持ちを助けてくれるものに、お金と時間を使うはずだ——。

何に困っているかを見つける

その瞬間に『暮しの手帖』がやるべき方向性が決まりました。嫌な気持ちを忘れさせること、困っている人を助けることです。以降、すべての企画で「嫌な気持ちを忘れさせることはできるか」「困っている人を助けられるか」と考えるようになりました。料理のことでも、掃除のことでも同じです。悩みに応えること、気持ちがふさいだときに、なぐさめになること、退屈なときに、楽しい気分になれること、企画を立てるときには必ずそのことを考えるようになりました。

雑誌を一号だけヒットさせることは、それほど難しいことではありません。読者の好奇心を駆《か》り立てるような刺激的な企画を立てたり、魅力的な付録をつけたりすればいいのです。だけど、継続して読んでもらいたいならば、そのやり方は通用しません。もっとていねいに読者の気持ちに寄り添わなくてはならないのです。読者の感情を理解しなければならないのです。それが「嫌な気持ちを忘れさせる」「困っている人を助ける」ことでした。そうすれば読者は、『暮しの手帖』に時間とお金を使ってくれるようになるのではないかと。

繰り返しますが、仕事とは、困っている人を助けること。何に困っているかを見つけること。これは、どんな仕事であっても同じです。営業に限らず、マーケティングやシステム開発、広報の仕事もそうですし、総務や経理のような管理部門で仕事をするなら、社員や会社にかかわる人たちを助けることを考えればいいでしょう。

仕事は儲《もう》けることが大事だ、と考える人もいますし、「楽しければいい」と考える人もいれば、仕事を通して「有名になりたい」と考える人もいます。

もちろんそれぞれの考えがあっていいのですが、もう少し広い視野をもって働くほうが、夢が大きく楽しいのではないでしょうか。

その仕事は、世の中から信頼されるでしょうか。

その仕事は、これからもずっと続けていくことができるでしょうか。儲からないときや楽しくないときは、何をモチベーションにすればいいのでしょうか。利益ばかりを優先していると、何か不都合が起きたときにヴィジョンを見失います。踏ん張りがきかないと言い換えてもいい。

僕は今も折りに触れ、この仕事は、嫌な気持ちを忘れさせることはできるか、困っている人を助けることになるだろうか、と確認します。この仕事は誰を助けることになるのか。どうしたら助けることができるのか。どうすれば、より喜んでもらうことができるのか、と。

そう考えることで、仕事の本質から外れずにすむのです。何か困難があっても原点に立ち返って立て直すことができます。そして何より、困っている人を助けることができる仕事は、誇りをもって、人生をかけて取り組むことができるのです。

世の中を観察すれば見えてくる

困っている人を助けるためには、まずその人が何に困っているかを知らなくてはなりません。僕は『暮しの手帖』の読者が何に困っているのか、どんな悩みをもっているかを徹底的に調べて、考え抜きました。いわゆるマーケティングです。

街を歩くときも、カフェでお茶をするときや本屋にいるときも、僕は常にそのことを探《さぐ》っていました。世の中を観察しながら考え続けていると、頭の中に情報が蓄積され少しずつ読者の悩みが見えてきます。

「料理をしなくなったと言うけれど、料理本のニーズはあるようだ」

「だとしたら、どんな本が売れているんだろう」

「それをどんな人が買っているのだろう」

そんなふうに考えるのです。すると「まったく料理をしたくない」のではなく、「料理にかける時間や手間を減らしたい」のだと気づきました。

今では当たり前のことですが、当時（といっても一四年前のことですが）は手間暇《てまひま》かけた料理がよしとされ、それが愛情の証《あかし》だと考える人が多かったのです。

このように、世の中を観察し、自分の頭で考えることで、読者が何に悩んで、何に困って、何に怒ったり、傷ついたり、笑ったりしているのかが、リアルに想像できるようになってきました。

売り上げが伸び始めたのは、その頃です。

ビジネス思考で考える

編集者として編集スキルを磨くなら、何か特定の分野に人一倍詳《くわ》しくなるのがもっとも有効でしょう。音楽でもファッションでも過去にどんなものが流行《はや》って、今どんなものが流行っているかを調べて、現状を分析し、未来の流行を予測しながら、企画を考え、記事を作り続けていけば、どんどんスキルは積み上がっていきます。

だけど商売を成功させたいなら、それだけでは通用しません。

いい誌面を作ると一部の人は絶賛してくれますが、大きな売り上げには繋《つな》がらないのです。つまり、商売には、マーケティングの視点が欠かせません。

僕は編集長に就任したとき、編集思考ではなくビジネス思考に切り替えたことで、自分が何に詳しくなるべきかがわかりました。

それは「人の感情」です。それがわかるようになれば、どんな商売だってできる。

どんなときに、どんな気持ちになるのか。つらいときにどんな言葉をかけてもらいたいのか。ひとりで映画を観たいと思うのはどんなときか。引越しのときに手間だと思うのはどんなことか。そういう思考方法を身につければ、どんな商品やサービスが求められているかを予測できるようになります。世の中の人は、自分の悩みごとを解決してくれるものには喜んでお金や時間を使うからです。

最初から予測がぴたりと当たるわけではありません。勘違いすることもあれば、見逃すこともありますが、トライアンドエラーを繰り返すことで、どんどん精度は上がります。

定期雑誌の編集現場を離れ、自分で立ち上げたビジネスに取り組んでいる今も、僕は仕事で誰かと会うときには、必ずその人のビジネスについて詳しく調べます。今の事業の状況はどうか、どういう未来を思い描いているのか。

その上で、相手がビジネスでどんなことに悩んでいるのかを想像し、どんな言葉をかけると喜ばれるのか、自分が力になれるとしたらどんなことかをいつも考えるようにしています。これは僕にとってはイメージトレーニングのようなものです。そして恐らくどんな職種にも、どんな仕事相手にも有効なトレーニングではないでしょうか。

人の感情を知ることで、ビジネスの仕組みを作ることができます。感情を利用して不安を煽ったり、誤解を導いたりするのではなく、相手が喜ぶことは何かを考えるのです。

ただし人の感情は時代に忠実であり、常に変化しますから、日々アンテナを張り、情報をアップデートしましょう。

相手目線で考え、代案も準備する

ビジネスには相手が必要です。コミュニケーションで大切なのは、自分都合ではなく、常に相手目線で考えること。これは当たり前のようで、意外と見落としがちなことです。たとえば企画を考えるときに、自分たちの得意なことややりたいことをもとに考えているとしたら要注意です。自分たちの技術力の高さやセンスのよさをアピールしても、それはただの自己表現にすぎません。

相手が何をすれば喜ぶのかという視点がなければ、ビジネスは成立しないので、相手が今、何に困っているのか、どういう企画なら相手にどんなメリットがあるのかを考える必要があります。さらに言えば、深く理解した上で、相手の未来をどこまで語れるか。

相手が喜ぶ企画を思いついたとしても、ひとつしか用意しないのではまだ十分とは言えません。僕は、相手から「確かに素晴らしい企画ですが、こういう場合はどうでしょうか」と言われたらすぐに代案を出せるようにしています。相手のことを考えた企画がいくつも出てくれば、相手はうちの会社のことをしっかり考えてくれている、と信頼するでしょう。

ビジネスでは、「認められる」「評価される」ことより「相手が喜ぶ」「相手の役に立つ」「相手を感動させる」ことが大事なのです。そして、いかに相手の会社なりチームのメンバーの一人として働けるかです。

これは社内でも言えることで、上司から資料作りを命じられたら、上司がどうすれば感動するかを考えるようにしてください。一刻も早く資料が欲しいのか、正確さにこだわるのか、追加の資料も用意するのか。命じられたことをただこなすのではなく、どうすれば、期待値を超えて、より相手を喜ばせることができるかを考えるようにしましょう。

まずは「自分」を知ってもらう

仕事で誰かと会うときに、会社のことや商品の知識と同じくらい大切なことは、自分を知ってもらうことです。

僕がアメリカで仕入れた本を売っていた頃に、こんなことがありました。当時、店舗をもっていなかったので、興味をもってくれそうな人に自分からコンタクトをとって、トートバッグに本を詰め込んでオフィスを訪問していたのです。この本は、きっとその人にとって価値のあるものだと信じて、懸命に説明するのですが、相手はなかなか興味を示してくれません。とても厳しい日々でした。

それをある人に相談したところ、「本を売る前に、自分を売らないとダメだ」と言われたのです。当時の僕は、自分のことを話す意味があるとは思っていませんでした。人に誇《ほこ》れるような輝かしい経歴ではないからです。

ところがその人は、どれだけ価値がある商品だったとしても、自分がまったく知らない相手からは買う気になれないというのです。言われてみればそうかもしれません。

僕はやり方を変えました。最初に自分のことを話すようにしたのです。アメリカでどんなことをしていたのか。何が楽しくて、どんなことに夢中になって、どんな失敗をしたのかを話すと、たいていの人はとても面白そうに聞いてくれました。

そこから不思議と本が売れるようになったのです。「この人もあなたに興味をもつと思いますよ」と自分の友人を紹介してくれる人もたくさんいました。

会社に所属していたとしても、あなたが話をするとき、相手が見ているのは、あなたという「個人」です。そこで、いかに自分を知ってもらうか、信用してもらうか、どうしたら自分を好きになってもらえるかを意識しましょう。素晴らしい実績を上げてから堂々と自分を売り込もう、独創的なアイデアを思いつくまではおとなしくしていよう、というのではなかなか前に進めません。

ちょっとしたエピソードでいいのです。

「先日、こんな面白い本を読みました」

「最近こんなことが気になっています」

そんな話を僕はいつも考えていて、「このまえ作った絶品オムライスの話をしよう」「ニューヨークで泊まったホテルのことを話そう」と、常に五、六個くらいの話題をもっています。その話題は自慢話より失敗談のほうがいいでしょう。

そうすることで最新の自分を知ってもらえますし、その場をなごませることもできます。商売では、こういうちょっとしたコミュニケーションにもとても価値があります。

商売をするときは、まず自分を知ってもらうことから始めましょう。セルフブランディングとは、自分をどう見せるか、人からどう見られたいかではなく、自分を好きになってもらったり、ファンになってもらったりすることです。自分を大きく見せる必要はありません。

そうすれば、どんどんものやサービスを売り込みやすくなるはずです。

「あなたの利益になる」と、きちんと伝える

ビジネスの相手が自分に対して必ずしも好意的だとは限りません。

アポイントメントをとって会いにいっても冷淡な対応を取られることもありますし、「会ったという既成事実さえ残せばいい」「早く終わればいいのに」という気持ちを態度に表《あらわ》す人もいます。

でもそれは、僕にとっては想定内です。まったく知らない相手からいきなり「一緒に仕事をしましょう」と提案されて、身を乗り出して聞いてくれる人は滅多《めった》にいないでしょう。ビジネスの規模が大きくなればなるほどそうです。失敗したときの損失も大きいですから、わざわざそんなリスクを冒《おか》したいとは思いません。仮に「わが社にとっても意味のあることかもしれません」と笑顔を返してくれたとしても、「一緒にやりましょう」と決断してくれるとは限らない。

ビジネスの入り口はいつもこんなふうです。

だけどときに、相手から「ぜひ」と前のめりになってくることがあります。それは、「こ

の人と何かをやると、「面白い」と思えるときです。仕事が面白いということは、何かしらの利益をもたらすことでもあり、それは利益という価値にも変換されるのです。

一時間、二時間かけてこちらの事業やプランを説明していると、相手が次第に興味を示していると肌で感じる瞬間があります。面白そうだ。うまくいけば自分たちに利益が出そうだ、と感じられるときです。具体的にイメージできればできるほど、相手はどんどん積極的になります。

商売人は「面白い話」「新しい話」が大好きです。その面白さや新しさが自分たちの利益になる取引なら、相手はどんどん前のめりになっていきます。僕がこれまで仕事で会った人たちを見ていると、たくさん稼《かせ》いでいる人ほど面白いことと新しいことに興味がありますし、会社でもトップに行く人ほどそうです。好きなことだからうまくいくのでしょう。

だから、面白くて新しい、と伝えることはとても大切です。理念や意義も大切ですが、それだけでは十分ではありません。商売人が本当に知りたいのは、面白いか、新しいかどうかなのです。

ただし、相手の気を引くために背伸びをしたり、見栄《みえ》を張ったりするのではなく、話を盛《も》ったりせず、正直な見通しやヴィジョンを伝えましょう。

ビジネスの規模にもよりますが、会社は、事業で得たお金を上手に運用したいと思っています。銀行に預けておくより、別の事業を始めたり、スタートアップ企業に投資したりするほうが、スケールしたときのリターンが別格に大きくなる可能性があるのだから当然でしょう。事業内容によっては本業とのシナジー効果が期待できる場合もあります。それくらい貪欲だから儲かるのです。この場合もわかりやすくメリットを伝える必要があります。

何かを提案して契約してもらうときも、ものを買ってもらうときも同じことが言えます。商売は、相手の利益に貢献しないと成り立ちません。その仕組みをうまく築くことができれば、商売はきっと長続きします。それはお互いにとって、とても気持ちのいいことです。

感動の数を増やす

どんなものでも喜ぶ人、感動する人が多ければ多いほど、たくさん売れます。

これは、あらゆることに通じる商売の原則です。

そんなの当たり前だと思うかもしれませんが、商品やサービスのことだけを言っているのではありません。

世界には、年俸が十億円を超えるサッカー選手がたくさんいます。ＮＢＡや大リーグもそうです。なかには年俸百億円を超える選手もいます。

なぜそんなに稼げるのか、僕はずっと不思議に思っていました。プレーできる期間が短いから一生分をその時期に稼ぐ必要があるのだ、という説明もありますが、どこか腑《ふ》に落ちなかったのです。

年収五百万円のビジネスパーソンとどこが違うのでしょうか。

どこからそんな金額が出てくるのか。彼らの何に価値があるのか。

そう考えて気がついたのは、スポーツ選手が感動させている人の数は膨大《ぼうだい》だからだ、ということです。彼らのプレーが中継されると、「すごい！」と感動する人が世界中に何千万人といる。だから、それだけの年俸を支払う価値がある。

商品の売り上げがその商品を喜んでいる人の数に比例するのと同じで、収入は、感動する人の数に比例します。世の中の商いは、すべてその原理で動いているので、自分の収入を増やしたければ、喜ぶ人、感動する人を増やすことを考えるといいのです。

苦手な人ほど自分から会いに行く

会いたい人とだけ会うのではなく、むしろ苦手な人と会わなくてはならないのが仕事ですが、覚えておきたいのは、苦手な人とのやり取りほど、成果が大きいということです。企業のトップには、周囲から天才と揶揄《やゆ》されるくらい強い信念をもつ人もいますし、優秀な人ほど手ごわいのは、どの業界でも共通しています。成果が大きい仕事、つまり取引の規模が大きい仕事ほど、地位が高い相手、手ごわい相手と交渉しなくてはならないのです。

同時に相手の要求が高く、成功の確率は低くなりますから、会いたくない、行きたくない、と尻込みしたくなる気持ちもわかります。ただ、難しい仕事だからこそ、成功したときには大きな達成感が得られます。そこからさらにビジネスが広がることもあるでしょう。

何より、そういう壁を突破できると「仕事とは、こういうことだ」と手応えと面白さがありますから、自信になります。

もしうまくいかなかったとしても、そういう人たちとコミュニケーションを取っている最中は難しいながらも充実感があり、一つひとつがいい経験です。ここまでできたと思えることも自信になります。

会いたくなくても、会う必要があるなら、気持ちよく会いに行けるように意識を変えるのです。こういうときに大きな力を発揮するのが楽しむというコミュニケーションです。

「会いたくない」で止まってしまっては仕事になりません。いっそのこと開き直って楽しんでしまいましょう。

以前、とても気難しいと評判の人との間にこんなことがありました。

僕も最初の頃は会うことを少し面倒に感じていたのですが、あるとき楽しむというコミュニケーションのやり方に変えれば、仲良くなれるかもしれないと思ったのです。どうしたのか。

自分からできるだけ会う機会を増やすようにしたのです。

イヤなことも言われるのですが、心の中で、また言われちゃったよ、と楽しんでいたら、そのうち気にならなくなり、相手のほうもトゲがなくなってとても親密ないい関係になりました。懐《ふところ》に飛び込んでみたら、なによりリラックスできるようになったのです。

周りの人からは「あんな人と、いつの間に?」と驚かれるほどでしたが、人と人との関係性は、変化するのです。自分が避けたいと思っているとうまくいきません。何もしないですむならそれに越したことはない。必要最低限の付き合いにしよう、と思うこともあるかもしれませんが、自分がアクションを起こすことで、関係が変わっていくのも楽しいものです。

食事に誘うのもいいですし、それが難しければせめて自分から積極的に声をかけるようにしてみましょう。「会いたくない」という感覚に縛《しば》られず、こちらが「会いたい」「仲良くしたい」という姿勢を見せると、相手も人間ですからうれしい気持ちになり、少しずつ心を開いてくれます。自分を大切に扱ってくれる人、自分に好意を寄せてくれる人に冷たく当たる人はいません。

何も親友になる必要はないのです。気持ちを切り替え、リラックスして、楽しむ感覚をもって苦手な人ほど自分から会いに行くようにしましょう。

自分がやったほうがうまくいくことを探す

僕の仕事のほとんどは、先方から依頼があって引き受けるのではなく、自分からの売り込みばかりです。自分で自分の営業をするのです。

僕は、新聞を読むときも、テレビを見たり、外を歩いたりするときも、世の中を観察して、

「自分がやったほうがうまくいくんじゃないか」と思えることをいつだって探しています。社会にはたくさんの仕事がありますから、そのどこかにそんな仕事があるのです。

見つけたら、すぐに準備をします。まずは情報収集です。企業のことや業界の動向を調べて、なにをいつどのようにと成功のイメージが具体的になってくれば、すぐに企画書の準備をします。アプローチしようかどうしようか、と迷い続けることはありませんし、ただの願望で終わらせることもありません。

企画書ができたら、その企業の窓口に連絡します。たいていの企業はお客様窓口のようなものがありますから、そこへ用件を伝え「担当者にお会いしたい」と言えば、繋いでもらえることもある。それがダメなら担当部署を伺って、手紙を書きます。

とにかく諦《あきら》めずに前に進むのです。その企業に知り合いが一人もいなくても、まったく気になりません。誰か紹介者を探すのでもなく、僕はいつも直球勝負、正面突破をしています。

それで会ってもらえるか、仕事が決まるかというと、そうそううまくいくことばかりではありません。返事がない企業もあれば、ものすごく準備をして会いに行ったのに、話をしただけで終わり、ということもよくあります。ほんとうに。

そうなったとしても、自分で見つけて行動に移したことだから気が済むのです。うまくいかなかった事例は、きっとみなさんが想像する以上にたくさんあります。断られると「話を聞いていただいてありがとうございました」とお礼を言って、帰ってきて終わりです。

周りの人は「あんなに張り切っていたのに」と思うようですが、僕にとって失敗とは、何もしないこと。かけた時間や労力はムダではありませんし、落ち込むこともありません。どこの企業にも、これまでの付き合いや自分たちのやり方がありますから、これも縁です。自分の能力不足が原因だとは限らないのです。

自分がそういう形でコンタクトしたことは、いずれどこかで必ず役に立ちます。情報収集をしたことは自分の中に「確かめたこと」として蓄積されますし、ゼロから自分でやったことですから、会って話ができただけでも自信になるのです。こちらが話したことは相手の記憶にも残っていて、何年か後にその企業から「そういえばあのときの……」と連絡をもらうこともあります。

そういう姿勢で行動し、世の中を観察していると、自分がやったほうがいいと思うものは、どんどん見つけやすくなり、見つけた時点ですでにその業界やその企業のことがあらかた頭に入っているということも増えてきます。いつもそういう姿勢でいると、自然とそういう方向に物事が動くのです。

だから僕は常に変化を受け入れます。自分の能力を売り込むだけでなく、この先、また職自体を変えることもあります。

僕がやったほうがいいのかどうかと迷うことはありません。成功のイメージがはっきりと見えてくれば、すぐに動いて、自分で自分を売り込む営業をします。

これが僕の商売の基本姿勢です。

ほんの少し頑張って、自分の「得意なこと」を見つける

仕事で「あなたの得意なことはなんですか」という質問に、すぐに答えられる人は意外と少ないようです。僕は、物事の道理や考え方を、人に届きやすい言葉に変換することが楽しいし、あえて言うならば得意としています。それがわかっているから、自分で自分の営業をすることが可能です。何を売るかがわかっていて、それに対する自信ももっています。

得意なんて意識したことがない。命じられた仕事をただこなしているだけ。そんな言葉を聞くこともありますが、得意なことがわからないのなら、しっかり自分の仕事ぶりを振り返

ってみましょう。うまくできるもの、早くできるもの、正確にできるもの、集中してできるもの、恐らく何かあるはずです。

どうしても見つからないなら、いつもより少し工夫して仕事をするよう心がけてください。この仕事をもっと早くするためには、どうすればいいのか。この資料をもっとわかりやすくするためには、どんなレイアウトがいいのか。営業成績のいい人と自分の違いはどこなのかとじっくり研究するのもいいでしょう。工夫とは、自由で新しい発想です。

あともう少しの頑張りが欠けているから、自分の得意が見つからないのかもしれません。どんなことも「まあいいか」で済ませていると、全力が出しきれません。それではいいところを見つけるチャンスを自分から捨てているようなもので、もったいないと思います。

世の中では、得意なことを仕事にした人より、仕事をしていくうちに自分の得意を見つけた人がほとんどです。僕もそうでした。少しでもうまくできるようにと工夫をしていくうちに、人から喜ばれ、評価されることで自分の得意に気がつきます。そうやって自信を身につけるのです。

「出入りの業者」ではなくパートナーになる

僕はいつも「出入りの業者」ではなくパートナーになることを目指しています。両者の違いは、商売のやり方です。業者は形の決まった商売をします。たとえば、「この部品を何日までに○個、納品してください」と依頼されて、期日までに製造し代金を受け取る、というような枠組みのある取引です。

この仕事で売り上げを伸ばすためには、より多く売るしか方法がありません。よほど希少なものでない限り価格決定権は相手が握っていることが多く、値下げを打診されたら受け入れざるを得ないことが多いですし、自分たちより安く作る会社が出現すれば、すぐ競争に巻き込まれることになります。言い方は悪いのですが、代わりがいくらでもいる仕事です。これからますます技術が進歩すると、こうした商売のやり方は、さらに厳しくなっていくと予測できます。

僕は自分で自分の営業をすると書きましたが、なぜそうするかというと、相手から依頼された仕事は、すでにあらかた枠組みが決まっているものがほとんどだからです。相手の頭の中にはすでに完成形があって、その実現のお手伝いをする業者としての役割を求められていますから、こちらが工夫する余地がほとんどありません。

もし商売を大きくしたいなら、業者ではなくパートナーを目指すべきです。

パートナーとは、相手の困りごとを解決し、未来のために新しい提案をする存在で、「こんなやり方はどうでしょうか」と提案し、相手がその価値を認めてくれれば、互いが信頼しあって仕事を進めていくことができます。

パートナーは、自分たちでクオリティの管理をして、自分たちでゴールを設定しなくてはいけません。よって仕事の厳しさ、難しさは増すでしょう。それでも僕はパートナーとしての仕事のほうが、やりがいがあって楽しく、そしてスケールすると思っています。だからこれからは、そういう仕事を増やしていくべきです。

枠組みが決まっている仕事もやり方次第ではパートナーになります。

与えられた仕事をただこなすだけではなく、機会を見つけて新しいやり方を提案するのです。「こうすればもっとよくなります」という提案の価値を相手が認めてくれれば、関係性は変わります。業者からかけがえのないパートナーに変わるのです。

これは上司との関係にも当てはまります。指示された仕事をただなんとなくこなすだけでは、頼りにされません。自分で工夫できるところを見つけてパフォーマンスを高めたり、新しい提案をしたりするよう心がければ、上司はきっとあなたをもっと必要としてくれます。

経営者意識をもつ

たとえ会社員であっても経営者意識をもつことが大事だと思っています。雇われている側として物事を見るか、経営者という立場から物事を見るかは大きく違うのです。それだけで仕事の仕方が大きく変わります。

まず時間の使い方です。経営者は会社の業績を上げようとしますから、少しでもラクをしたいとは考えません。いかに集中して高いパフォーマンスを発揮するかを考えて行動し、同じ時間働くとしても濃度が違います。

お金に対する意識も変わります。会社、あるいは自分の部署は一日にどれくらいの売り上げがあるか、どれくらいの支出があるか、それが一カ月になるとどうか、一年になるとどうか、というＰＬ（決算書）を常に把握し、その視点で業務に就《つ》いていると、お金の流れがはっきりと見えてくるでしょう。すると今月は最低でもこれくらいの売り上げが必要だ、このままでは数カ月後にキャッシュが枯渇《こかつ》する、ということまで予測できるようになり、自分が取るべき行動がわかります。

社内での人間関係も変わるでしょう。不満があっても同僚と愚痴を言い合うのではなく、どうすれば解決できるかを考えるようになります。いわば上司は取引先です。言われた通りの仕事をするだけではなく、より多くの仕事がもらえるように、あるいはより満足してもらえるように、仕事の仕方を工夫します。

僕は二十代の頃からずっとフリーランスとして働いてきたので、自然と経営者としての意識が身についていました。プレイヤーとして絶《た》えず評価にさらされていて、油断すると次の仕事はないですし、何かで失敗しても責任を取るのは自分以外にいないのです。会社でもトラブルがあって、それと向き合わないような経営者には誰もついていかないでしょう。

働くことで自分を成長させたいと考える人は多いのですが、自分が成長するだけでは不十分で、それによって、所属している組織に、また社会にどんな貢献ができるのかを考えてください。

勘違いしやすいのですが、働くという点で言えば、経営者も社会の歯車のひとつにすぎません。自分という存在を社会に生かしているのです。

役割は違ってもどんな歯車も社会から必要とされています。僕自身もずっと、自分は社会の歯車だと誇りをもって仕事に取り組んできました。よき歯車としての自分を磨《みが》いて、社会に貢献するのです。

第二章

関係を築く

あえて一人で訪問する

重要な打ち合わせや商談のときに、僕はあえて一人で取引先を訪問することがあります。初めての訪問で相手がどんな様子かがわからないとき、相手が大きな組織であるとき、あるいは大人数を相手に、タフな交渉をしなくてはいけないとき、誰かが一緒にいるほうが心強いと思うかもしれません。

だけど逆です。一人のほうが、頑張ることができます。これは僕の経験から言うのですが、大勢を相手にするなら一人のほうが自分の力を発揮しやすい。

たとえば、旅先で行きたいところがあっても、仲間と一緒だと言い出しにくいことがないでしょうか。僕はどちらかというと怪しそうなところが大好きで、いつもそういうところに足が向くのですが、誰かと一緒だと、どうしても相手のことを考えてしまい一歩を踏み出すことができません。何かあったときに責任が取れないからです。自分一人なら自分が怖い想いをして終わり、万が一、何かあっても自分で責任を取ればいい。相手の心配をしなくてすむ分、困難なことにも挑戦しやすいのです。

商談も同じで、誰かがいると、うまくやらなくてはいけないとムダな力が入ることがあります。自分の側の人間なのに、その人がどう感じるかと考えて表現を変えたりしてしまうことがあるのです。うまく立ち回ろうとしすぎて、本来の力が出しきれなくて終わることもあります。頼ってしまうこともあるでしょう。

一人なら、話の進め方も内容もすべて自分で判断していいのだから、取引先に気持ちを集中することができます。だから、簡単に開き直ることができますし、自分が思ったことを素直に伝え、一か八かの勝負に出ることもできるでしょう。たとえ、失敗したとしても「失礼しました」と帰ってくればいい。

以前、こんなことがありました。それなりに大きな案件で、経営陣の一人と一対一で話をしたあとに、役員を集めるから、そこで説明をしてくれと言われたのです。多くの企業では、たとえ社長であっても、その人の一存ですべてが決められることはまれで、たいていは役員会や経営委員会といったところの承認が必要になります。

そうした場だとしたら、当然、相手は何人もいることでしょう。僕が関わる案件に興味のない人もいるであろうことも想像がつきます。何かを質問されてもすぐに答えられるように、他の担当者も一緒に行くほうがいいのではないか。相手もそれを望んでいるかもしれない。

そんな考えが頭をよぎりましたが、結局、僕は一人で行きました。

先方からは「松浦さん、今日はお一人ですか？」と驚かれましたが、臆《おく》することはありません。会議室に集まっていた十人くらいの人を前にして、事業のヴィジョンとコンセプト、その先に何が起きるのかを精一杯の気持ちで伝えました。

すると最高責任者が、ものすごく共感してくれたのです。その人が日頃、考えていたこととぴったり一致したらしく、同席していた人たちに「今の話を聞いたか？」と言ってくれて、場の空気が一変しました。こうなると、反対する人はほとんどいなくなります。前向きな事業の話がどんどん進みました。

このときよかったのは、同行者がいないことで、より素直に自分の言葉で語れたことです。相手に理解してもらうためには、うまく話す必要はありません。どれだけ自分たちの熱意を伝えられるかです。そのためには一人のほうがいいと僕は感じています。

もちろん、必ず一人で訪問したほうがいいという話ではありません。

打ち合わせ内容に間違いや誤解、齟齬《そご》が生まれないように二人で訪問したほうがいい場合もありますし、顔合わせのため担当者全員で訪問する場合もあります。コンプライアンスとして複数名での訪問を義務づけている企業もあるでしょう。

ただし打ち合わせや商談にしても謝罪にしても、向き合うべきは取引先であって、感謝と勇気をもって伝えたいことを伝えましょう。

出会って最初の七秒を大切にする

第一印象は、七秒で決まると聞いたことがあります。七秒という数字の根拠はさておき、それくらいわずかな時間で印象が決まるということです。

この時間を大切にするかどうかで、ビジネスの成果は大きく変わってきます。相手はわずかな時間に、初めて会うあなたの情報を無意識に受け取るのです。どんなに緊張していても、どんなに気が重くても、あるいはどんなに疲れていたとしても、とにかく最初の七秒を大切にしましょう。

僕も初めての相手と会うときは常にそのことを意識しています。心がけているのは、相手が心地よいと感じる態度です。嫌われるマイナス要素をすべて取り除いていくことです。身だしなみ、笑顔、挨拶、声、言葉づかい、頭の下げ方、体臭や口臭、髪から指先までを、いま一度自分でチェックしてください。

会った瞬間に、「お会いできてうれしい」という感情が伝わるように相手の目を見て挨拶していますか。下を向いたままではいけません。挨拶はゆっくり、ていねいに、を心がけてください。早口では、雑な印象を与えます。

玄関で待っているとき、不意に呼ばれてもすぐに笑顔が作れるよう準備してください。挨拶のときの立ち位置も大事です。日本では、初対面で握手することはめったにありませんが、身体を少し引いてしまう人がよくいます。名刺交換のときも半歩前に出るくらいの感覚でいるとちょうどいいと思います。服装は、清潔であればいつも通りでいいでしょう。よほど不快な思いをさせるような服装でなければ大丈夫です。

大切なことは、相手への好意と敬意をいかに伝えるか。初めて会う相手に笑顔を向けることが難しいというのであれば、鏡の前で練習しましょう。表情は、少し練習すればすぐに変わります。声の使い方もそうです。商売をするなら、まずはそこに注意を払うべきです。自分は社交的ではないからと簡単に諦めないでください。

企業のトップに立つ人は、間違いなくこれができています。どんなに変わり者と噂される人でも、たいてい会った瞬間はとても感じがいいのです。長年のビジネス経験から訓練されてきたのだと感じます。恐らく誰もが最初からそうだったのではなく、自分なりに努力を重ねたのでしょう。とにかく、嫌われる要素を取り除くこと。その想像力です。

最初の瞬間はそれくらい重要だということです。

まず七秒に心を込めてください。この技術は、これから仕事をしていく上で一生役に立ちます。さらにいうならば、終わりの七秒も大切です。同じように、感じよく振る舞うようにしてください。

等身大の自分を見せる

服装は、いつも通りでいいと書きましたが、かつて僕は、大切な日には相手への敬意を示す意味でもきちんと整えるべきだと考えていました。人と会うときは、必ずアイロンのかかったシャツを着て、ジャケットにネクタイを締めて出かけていたのです。

だけど今は、ベンチャー企業でたくさんの現場で仕事をした経験から、大切なのは等身大の自分を見せることだと考えるようになっています。

広い意味では、今も身だしなみを整えることは大切だと考えていますが、それは清潔感を保つことであったり、自分なりの節度を守ることであって、スーツやネクタイへのこだわりは持たなくなりました。

たとえ訪問先が歴史のある一流企業であったとしても、今の僕はいつもの服装、つまりシャツとデニムに、ジャケットを羽織るくらいで、足元はスニーカーです。相手側は全員がスーツ姿であったとしても、自分たちは彼らと同じ世界に生きているわけではありません。毎日スーツを着て、ビジネス街にある立派なオフィスで仕事をしているのではないのです。

以前、スーツを着てある企業を訪問して六十代のトップとお会いしたときに「松浦さん、普段は、そんな格好していないでしょう」と言われたことがありました。ここぞ、とばかりにスーツを着ても無理をしていることは相手に伝わるのです。

ビジネスを始めるとき、相手はたいていこちらのことを調べています。一流企業であればあるほどそうです。こちらの規模が小さいことなどお見通しですし、どのくらいのキャッシュフローで動いているかもわかっています。服装でだけ相手と肩を並べようとしても意味がありません。自分たちをよく見せようとするよりも、身の丈のまま振る舞うことが大切です。これが僕たちです、とありのままの自分を見てもらいましょう。

何より相手に合わせた服装では、リラックスできません。緊張する場面だからこそ、リラックスするためにもいつも通りの身だしなみでいいのです。特別な日だからとスーツを着込んでいくと、そのあともずっとずっとスーツを着て行くことになります。その先も緊張した関係が続くことになるのです。心配であれば、ジャケット一枚あればよいでしょう。

もちろん業種にもよりますが、今はスーツを着ていないからといって、「失礼だ」と怒る人はかなり少なくなりました。内心では、自分たちは長年の習慣から、仕方なくスーツを着ているのだと思っている人も多いのです。着飾っていないことは、一ミリたりとも偽《いつわ》らないという姿勢の表明でもあり、相手もきっとそれを感じてくれます。時代は変わっているのです。

人の心を動かすのは「情熱」である

人との関係を築くときに基本になるのは、礼儀正しさや相手への敬意、誠実さですが、それだけでは人の心は動きません。最後の決め手になるのは、情熱です。どんなに礼儀正しく振る舞っても、理路整然と涼しい顔でプレゼンをしても、情熱が感じられないと、人の心は動かないのです。

ビジネスの相手は、「あなたたちはどんなアイデアをもっているのですか」「どんなプランを提案してくれるのですか」「われわれには、どんなメリットがありますか」と聞いてきますが、本当に見極めたいのは情熱なのです。

実行する人に情熱がなければ、どんなにいいアイデアでも成功しません。うまくいきそうな予感や大きく広がっていく可能性を感じられないのです。

あるミーティングで、あまりに熱を込めて立ち上がって語り続けたら、「気持ちはわかりますが、どうぞ座ってください」と言われたことがありました。それでも「いや、座ってなんか話せないですよ。僕らが考えているのはこういうことなんです」と熱弁をふるったら、とても好意的に受け入れてもらえたことがあります。相手は情熱に対して、時間やお金を惜しまないのだと思いました。

ビジネスの場では、誰もが人を評価しています。社内でも上司や同僚、部下、あるいは人事部や取引先などあらゆる関係の中で、この人はどんなことが得意なのか、何に詳しいのかなど、仕事ぶりを観察し、評価を下しているものです。

資格やスキルとは違い、信頼できる人なのか、情熱をもって仕事に取り組んでいるのかは、形のないものですが、おおむね職場での評価は一致します。何かでチームを組むときも仲間に欲しいのは、資格をもっている人や経験、スキルの高い人よりも、仕事への情熱をもっている人ではないでしょうか。

ただし情熱をもつことは、感情をぶつけることとは違うので注意してください。情熱は未来に向けたもの、こうしたい、こうなりたいという希望にかかわるものですが、感情は過去に縛られたものです。周りが見えなくなってしまうほどの情熱を注ぎ込んでいるときは、リラックスすることも必要でしょう。

情熱は、お金では買えないもの、スペックでははかれないものだからこそ価値があります。

失敗は相手の懐に入るチャンスだと考える

企業で意思決定をする立場にいる人たちは、相手が信頼できるかどうかを常に観察しています。

彼らにとって、投資するのは事業ではなく人だからです。事業計画が完璧であってもその人が信頼できなければ投資しないし、逆に事業計画に少しくらい破綻があっても、その人が信用できて、バイタリティもあるし面白そうだと思ったら投資をしようと思うでしょう。友だちではなくビジネスだからこそ信頼が大切なのです。いったん、信頼できると思ったら、この事業計画書では決裁できないから、こんなふうに書けばいいとアドバイスをくれることもあるのです。

信頼とは、どこから生まれてくるか。

第一印象や服装の話をしましたが、プレゼン中に信じられないようなミスをしたり、相手からの質問にうまく答えられなかったときなど、情けない失敗を犯したときもチャンスです。

頭の中が真っ白になったときに、どう立て直すかで人となりが見えてきますから。

決してごまかしたり、表面だけを繕《つくろ》おうとしてはいけません。質問した相手は、質問の答えよりもどう答えるかを見ています。知ったかぶりをしたり、いい加減な説明をしても、相手は全部お見通しです。質問を上手に切り返す技術のようなものはありません。

それよりも人の心を揺さぶるのは、なんとか挽回しようと懸命になっている姿です。しかも、ごまかしをせずに正直な気持ちで。

やり方によっては、その場を一気に和《なご》ませたり、笑いに包まれたりすることもあるでしょう。失敗は、誰しも経験がありますから、失敗だけで信用を失うことはまずありません。繰り返しますが、むしろチャンスなのです。

ビジネスの関係において大切なのは、いかに相手の懐《ふところ》に入るかです。自分が素っ裸にされて、見られたくないところまで見られてしまうと、相手が懐に入れてくれます。

取引先だけではなく、同僚や部下との関係においてもそうです。会社でもポジションには関係なく、自分から相手の懐に入っていくように心がけます。

毎週月曜日の朝礼で話をするとき、僕はたいてい週末にこんなことがありました、という話をします。夫婦喧嘩の話であったり、段差のないところで転んでがっかりしたという話であったり。いきなり立派なことを話しても、相手は自分の懐に入れてくれません。作り話をする必要はありませんが、自分から常に、着ているものを一枚脱ぐくらいのことを心がけていると、相手が自分の懐に入れてくれます。五十人の会社でも十人くらいのグループでも立場に関係なく、そうやって語りかけることでいい関係が築けるのです。

答え合わせをしない

上司や取引先との会話が、答え合わせになってしまうことがあります。相手の発言や相手の質問に対して、「こうですよね」と相手の答えを先回りしてそれに沿うようなことを言ってしまうのです。空気を読む、忖度《そんたく》するということでもあります。自分の意見を言わずに、うまく切り抜けようとしてしまうのです。会社でもみんなと同じように振る舞うほうが無難だと感じることも多いでしょう。目立ちすぎると余計な苦労が増えるのではないか、と心配してつい周囲に合わせてしまうのです。

これは正しいコミュニケーションとは言えません。その場しのぎの言葉では、コミュニケーションは深まらないでしょう。そうしたコミュニケーションに慣れてしまうと、この先もずっと人との深い関係を築けません。

答え合わせをしたり、言い訳をしてしまうのは、自信がないからです。自分の考えを言うと人から「それは違う」と否定されたり、「わかってないな」とバカにされたりすることもあります。相手の機嫌を損なわないよう振る舞うほうがいいと思うのかもしれませんし、ダメなやつだと思われたくないという保身もあるでしょう。

でも、仕事においてはそんなことには意味がありません。

気づいて欲しいのは、それは自分の評価を落とす行為だということです。自分ではうまく切り抜けられたと思っていても、いちいち指摘しないだけで、たいてい相手はこの人は自分の意見をもっていない、意見を言わない人だとわかっています。相手だけでなく、周囲で見ている人たちも気づいていることがほとんどです。

その行為はあなたの人柄を表《あらわ》していることになりますし、ものごとに本気でコミットしていないと受け取られます。繰り返していると、確実にあなたの評価は落ちていきます。いざというときに、そんな人を頼りにしたい人はいません。

だけど社内の人にしろ得意先の人にしろ、そのことをわざわざ相手に伝えたりはしません。マイナス評価は特にそうです。

これはすごく怖いことです。自分では一生懸命やっているのになぜかうまくいかない、社内の評価が低いというときは、意外とそういうパターンがあります。そのことに気づいていないのは自分だけ、という状況に陥《おちい》っていることも少なくないのです。

方向性がほぼ決まっているときに不意に「君、どう思う？」と話を振られることがあります。こういうときも聞く人は答え合わせを求めているわけではなく、何かが足りない、もう少しブラッシュアップしようとしているので、ただ賛成するだけでは不十分です。

気の利いたアイデアや意見をすぐに思いつくわけではありませんから、僕なら、そのテーマに絡《から》めて自分の体験や自分が感動した話をします。すると面白がって聞いてくれる人もいて、誰かがアイデアにつなげてくれることもあるのです。それが、ものすごく大きなプロジェクトに化《ば》けることもあります。

ネタをもっていかれるといえば、そうなのですが、それでいいのです。アイデアを思いつくことはできなくても、こういう面白いことがありました、こんなことに感動しました、と話をすることで自分の役割を高めることができます。

ていねいなコミュニケーションを避けないようにしましょう。

難しく考える必要はありません。そもそもコミュニケーションは、何かを上手に説明したり、素晴らしいアイデアを披露することではなく、自分をベースにして相手との関係性を築くことです。

優秀であることより勇気をもつことが大切です。自分の言葉をもつようにしましょう。それがコミュニケーションの第一歩です。

発言しないことはリスクだと知る

初めてのメンバーが集まる会議で、ひと言も発言しない人がいます。打ち合わせや顔合わせなど簡単な集まりでも必要最低限のことしか口にせず、ほかの人たちの発言にただうなずくだけ。これも知らないうちに自分の評価を下げる行為です。誰かから咎《とが》められることはないので、本人は気づかないことが多いのですが、発言する機会のある場でそれを生かさないのは明らかにマイナスです。

発言しない人は、おそらく自分の考えなど大したことがないからと黙っているのでしょう。

軽薄な発言をしてマイナスポイントがつくくらいなら、黙っていよう、それなら評価はプラスマイナスゼロだろうと考えるのかもしれませんが、初めて集まるメンバーだからこそ発言しないことは、評価を確実に下げる行為です。どんな内容であれ発言するとプラスポイントがつきます。

なぜなら大事なことは、その人の考えやアイデアの素晴らしさよりも、その場にふさわしいコミュニケーションを取ることだから。自分から打ち解けようとしない限り、相手は自分に興味をもってくれません。すると、コミュニケーションが成立しないのです。

良好なコミュニケーションは、必ずしも下の立場の人が上の立場の人に心がけるべきことではありません。経営者や役職者など立場が上であればあるほど、自分から心を開くよう心がけないと周囲はコミュニケーションが取りにくくなります。だから初めて会う人が多い場では自分から口火を切ることがすごく大切です。

発言した結果、この人はわかっていない、トンチンカンだと思われたとしても、それが嘘偽りのない自分だったとしたら仕方がありません。そこからいくらでも改善できますし、そういう自分を知ってもらったことはプラスです。

大事なことはその先にあります。

発言しない人、自分をわかってもらう努力をしない人は、次に何かをしようとするときに、その場に呼ばれなくなるのです。

チームを作るとき、メンバーに欲しいのは優秀な人だけではありません。アイデアマンがいれば、雰囲気づくりが上手《うま》い人もいて、いつもトンチンカンなことを言うけれど面白い人もいれば、いつも冷静に判断できる人もいます。それぞれのキャラクターを組み合わせることでいいチームができあがるのです。

発言せず、自分を知ってもらう努力をしていない人は、どんなキャラクターかがわかりませんから、そういうときに思い出してもらえません。だから候補にもならない人、呼ばれない人になってしまいます。それはとても残念なこと。いつだって発言すれば、その時点でチャンスを握るのです。

人が集まるときはまず座る場所に注意してください。座る場所が決まっていないときに、自分から隅の席を選んでいないでしょうか。「話しかけないでください」とばかりに端っこに座ってだんまりを決め込んでいては、確実に次に呼ばれなくなります。観察していると、コミュニケーションの上手い人は、たいていキーマンの近くに座りますから発言する機会も増えるのです。

おそらく本人にとって、隅っこに座ることも発言しないことも無意識な行為です。でも周囲には、その人が積極的にコミュニケーションを取ろうとしていないことが目に見えてわかります。そこで評価が下がってしまうのはとても残念です。

日本的な美学では、寡黙《かもく》であることを善ととらえることもあります。すべてを理解しているけれどそれをひけらかしたりせず、いつも冷静でいることを理想として、そう振る舞う人もいるかもしれませんが、僕の感覚では、ただの独りよがりに思えます。

会議での発言の仕方や内容を重視する考え方もありますが、そこまで難しく考える必要はないでしょう。初めての人が多く集まる場では、何か少しでも発言すること。自分が感じたことを素直な言葉で語りましょう。考えがまとまらなければ、そのままの言葉で構いません。尻込みせずに、まずはそこから始めてください。

一芸は身を助け、怖いものをなくしてくれる

先ほど雑談のネタをいつも考えているという話をしましたが、僕は誰かから突然、面白い話をしてほしいと言われたときに、三十分でも一時間でも話し続けられる自分でありたいと思っています。

冗談のように聞こえるかもしれませんが、一芸をもつこともビジネスでは重要です。もっているのといないのとでは大違いで、僕自身、それで切り抜けた場面もあります。

何かで盛り上がっているときに「松浦さん、何かひとつやってくださいよ」と言われて「いえ、僕は何もできません」と固辞《こじ》することもできるのです。相手も「ああ、そうですか」と話はそれで終わります。無理強《むりじ》いされることはありませんが、そこで思い切って何かやることには、想像以上の価値があるのです。

もしその場で何かができたら、一瞬にしてその場にいる人たち全員を虜《とりこ》にできます。「待ってました」とばかりにいきなり立ち上がって歌いだしたら、評価はぐんと上がるのです。ものまねでも落語でも、あるいは手品でもいいから、何か一芸をもっているとものすごく役に立ちます。

要するに、相手から何を要求されても答えられるという心づもりが大切なのです。何ごとにも動じず、恐れることもない。相手に、それだけの覚悟でやっていると伝えることができます。

ビジネスでは、いかに相手と深いつながりをもつかが重要です。どんなことにも一生懸命取り組むこと。プライドは自分の内面にとどめておくものです。

誰かに取り込まれないように人と接する

人は本能的に、自分の味方を作ろうとする傾向があります。取引先の人にも、上司や同僚、部下にもできれば自分の味方になってほしい、自分のことを理解してほしいと願っていますから、コミュニケーションがそういう方向に流れがちです。ほとんど無意識に相手を取り込んで馴《な》れ合いの関係にしようとします。

だけど、ビジネスで深い関係を築くことと、馴れ合いになることはまったくの別ものです。相手に情が芽生えたりすることはあまりプラスには働きません。付き合いの長さで関係の深さを測ることも危険です。そうやって馴れ合ってしまうと冷静な判断ができなくなります。はっきりとノーが言えなくなったり、交渉しづらくなるのです。

相手が融通してくれるのも決していいことではありません。それによって対等な関係が壊れ、次はこちらが融通しなくてはいけなくなります。

僕は、できるだけ相手に取り込まれないように注意しながら人と接しています。いったん取り込まれてしまうと簡単には出られません。そこから出ようとすると敵になってしまうのです。あんなに話を聞いてくれて、あんなに自分たちのことを考えてくれたのに、急に冷たくなった、というような恨み言が出てくると、仕事がうまく回らなくなります。人間関係の難しさはこういうところです。ちょうどいい距離感を保つことが大事です。

だから僕はいつも蚊《か》帳《や》の外にいるように心がけています。魔の手という言い方は適切でないかもしれませんが、取り込まれるきっかけはどこにでも転がっています。

たとえば、あなたの周りに、こちらが頼んでもいない話を耳に入れてくる人がいないでしょうか。

「ほかの人には言っていないんだけど、実はこうなんだ」

「あの話には、こういうウラがあるんだ」

「今度、こういうことを始めるらしい」

こんな話をさも価値がある話のように語り始めますが、最後まで聞いてしまうと、その人に取り込まれてしまいます。その人の味方、身内になってしまうのです。

トラブルが起きると、それぞれに解釈があって、それを話したい、誰かに聞かせたい人もたくさんいます。取引先だけではなく社内でもそうです。取り込まれるのが好きな人、取り込むのが好きな人はどこにでもいます。

好奇心からつい聞きたくなることもありますが、毅然と対応しましょう。必要な情報、正しい情報は、正式なルートで流れてくるもので十分です。それ以外のものはかえって判断を誤らせるものだと認識してください。

だから僕はいつも適度な距離感をもつよう心がけ、噂であれ、秘密の話であれ、それが始まると、その場から静かに離れるようにしています。

同様に、僕自身もそこにいない誰かの話はしないようにしています。社外でも社内でも同じです。僕は誰かを特別扱いしたりすることはありませんし、誰かに特別扱いされることもできるだけ避けています。秘密や噂を共有する派閥やグループに属することも避けたほうがいいでしょう。

それも仕事のコミュニケーションのコツのひとつです。

第二章
自分を売り込む

プレゼン前の不安を取りのぞく①——声に出して練習する

大切なプレゼンテーションがある日は、朝からとても緊張します。行くのが億劫《おっくう》になるくらいです。できればもっとリラックスして臨《のぞ》みたい。楽しそうに説明したほうが、きっと聞く人も心地いいでしょうから、うまくいく確率も高まります。

緊張しないようにするためには、どうすればいいのでしょうか。もっとも有効なのは、不安を取りのぞくことです。

そのために僕は当日まで、何度もプレゼンテーションの練習をします。用意した資料を手に当日さながらに声を出して説明するのです。必ずしどろもどろになったり、ちぐはぐだったりするところが見つかりますから、練習は絶対に必要です。

気になる箇所を整え、大体の流れがつかめたら、時計を見てどれくらいの時間になるかを確認します。資料一ページにつき一分とすると二〇枚あれば二〇分。そのように時間の感覚がつかめると、万が一、時間が足りなくなっても残り時間に応じて対処できます。

そうやって自分は十分に準備した、もう大丈夫だと思えることが不安を取りのぞくためにはとても大切です。

ただし僕が練習に時間をかけるのは、上手くなるためではありません。厳密に言えば、上手く話す必要はないのです。誰しも上手いトークには慎重になりますから、スマートに話すよりも朴訥《ぼくとつ》としていたほうがいいくらい。世間の誰もが認めるような「説得力のある話し方」をする必要はないでしょう。

それに、どれだけ練習をしても、当日のプレゼンが練習通りに進むかというと、そんなことはまずありません。プレゼン中にはたくさんのトラップがあって、いきなり質問が飛んでくることもあります。早くこの話がしたいと思っていても、質問に答えるうちにエネルギーを消耗したりして、往々にしてペースは乱されてしまう。

だから説明の一言一句をすべて台本にして暗記することはまったく意味がありません。仮にその通りに進んだとしたら、相手は真剣に聞いていない、心に響いていないと思ってもよいくらいです。

練習をするのは保険のようなもので、不安を取りのぞくためです。失敗は命取りになりませんが、不安は命取りになります。

完璧を目指すのではなく、やれることはすべてやったと思えるように練習してください。そうすれば、自信をもって当日を迎えることができます。予期せぬことがあっても、途中でパニックになっても落ち着いて対応できます。

プレゼン前の不安を取りのぞく②——とにかく調べる

プレゼンテーションの前に、もうひとつ時間をかけるのが、相手先の企業や経営者、面会する人について調べることです。大企業であれば決算書にも目を通し、さらに経営者や面会する担当者についても経歴や人となりを調べます。相手はわざわざ時間を割《さ》いてくれるのですからしっかりと準備をすることは最低限のルールです。

調べていくうちにその企業の歴史や置かれている状況、相手がどんな経験をした人なのか、どんな考え方をしているのかが見えてきます。立派な人だけど、若い頃はずいぶんと苦労したのだとか、気難しいと評判だけどこういうところもあるのだとか、少しずつ共感する部分も出てきます。

不安や恐怖心は、よく知らないことから生まれてくるのです。相手がどんな企業、どんな人なのかがわかってくると不安は少しずつ消えていきます。

僕が『暮しの手帖』からＩＴ業界で知られたクックパッドに移るとき、入社の一週間くらい前からだんだん具合が悪くなって、「なぜこんな転職を決めたのか」と眠れないくらい落ち込んでしまったことがありました。

ＩＴ業界のことが何もわからず不安だったのです。

出版界の中でも特にアナログなところにいて、僕自身、スマホすら使っていませんでした。今度はテクノロジーの最先端にある企業ですから、自分が通用するかどうか見当もつきません。彼らが日常的に使っている用語も耳慣れないものが多く、かなりの恐怖を感じていました。

そこで、ＩＴ用語を徹底的に調べて、ウェブ業界について書かれた本を必死で読みました。クックパッドのサイトも隅々まで見て社員ブログも読んで、会社のことや業界のことがわかってくると、だんだん落ち着きました。そこで働く自分がイメージできて、きっと大丈夫だと思えたのです。入社当日はもう口笛を吹いて会社に行くくらいの心境でした。このとき、知らないということは、それほど人を不安にさせるのだと気づいたのです。

プレゼンでは、調べた内容をわざわざひけらかす必要はありません。知っていても、知らない振りをすることも大切です。話をする内容さえ頭に入っていれば十分です。それでも相手のことを知っていると余裕がもてます。初めて訪問するオフィスや初対面の相手にも怖気づくことなく振る舞えますし、相手の言葉や対応にすぐになじんで、うまく対処できるでしょう。

ある程度の知識が頭に入っていると、わからないことがあれば、わからないとはっきり言えることもメリットです。すべてが知らないことだらけだと準備不足は明白で、質問することが怖くなりますが、「自分でも調べてみたのですが、これはどういうことですか」と質問できれば、相手はこちらがしっかり準備していることを知り、ていねいに対応してくれるでしょう。たいていの不安は、情報収集で解決するのです。

プレゼン前の不安を取りのぞく③——身だしなみを整える

大切なプレゼンの日は、いつもより少し早めに起きて身だしなみを整えましょう。髪がボサボサだったり、爪が伸びていたり、あるいは、歯磨きやひげ剃りが中途半端だったりすると、自信をもって人前に立つことができません。

服装はいつも通りでいいのですが、朝、起きてヨレヨレのシャツしかなかったとしたら、あるいは前日が雨で、靴に泥がついたままだったら、この場合もまた堂々と人前に立つことができないでしょう。

身だしなみは特別な日のためだけの特別な心がけではありません。日頃から整えておくと、不意に人前に出ることになっても堂々と振る舞うことができます。

シャワーを浴び、体を清潔に保つこと。すっきりとしたヘアスタイルを保つこと。だらしない服装を避けること。体調を管理して疲れた様子を見せないこと。こうした基本の姿勢が整っている人は、人と会うとき、スタートラインで優位に立てます。誰でもできることですが、自分で意識しているかどうかです。意識していないと、肝心なときに間に合わないことがあります。

プレゼンの準備で必要なのは、不安を取りのぞくこと。自分自身の不安に向き合うことができれば、自《おの》ずと対処法が見えて来ます。

それでも当日、緊張してしまったら、「今、自分は緊張しているな」と自覚してください。緊張している自分を認めるだけで、緊張はずいぶんとやわらぎます。大切な場面では誰でも緊張するものなのです。遅刻は絶対にしないように。優秀な人ほど、約束の時間の十五分前には到着しているものです。

利益に貢献できるか、実現可能か、理念にあっているか

プレゼン前に、僕が必ずチェックする三つのポイントがあります。

自分たちの提案は「相手の利益に貢献するだろうか」「実現可能だろうか」「相手の企業理念にあっているだろうか」という点です。

この三つは指差し確認をするくらいしっかり考えています。プレゼンでは、自分たちがやりたいこと、できることを伝えて自分たちの商品やサービスを売り込むのですが、それだけ

では不十分です。自分たちの強みをストレートに訴えるだけでは相手の心に響きません。
ひとつ目の「相手の利益に貢献するだろうか」とは、自分たちと一緒にビジネスをすることで、相手にどんな形のメリットがあるかを具体的に示すことです。第一章で「自分都合ではなく、常に相手目線で考える」と書きましたが、プレゼンで自分たちの企画の売り込みに夢中になりすぎて、意外と説明不足になっていることがあります。

ふたつ目の「実現可能だろうか」は前のめりになってしまうことへの戒《いまし》めです。提案する内容は、期日や費用なども十分考慮した実現可能なプランでないと意味がないのですが、プレゼンではややもすると大風呂敷《おおぶろしき》を広げてしまいます。相手に過大な期待を持たせるような言い方や表現は、避けるべきです。そしてたいていの場合、相手から見抜かれています。「できない約束はしない」はビジネスの大原則です。

三つ目の「相手の企業理念にあっているだろうか」は、単純な例でいうと、環境に優しい街づくりを理念として掲《かか》げる企業に、ペットボトル飲料の自動販売機の設置を勧めてもあまりいい反応は得られません。ペットボトル飲料のゴミ問題は、街づくりにとって大きな課題になるからです。その問題の解決策も一緒に考える姿勢が必要でしょう。

この三つのポイントは、プレゼンだけではなく、あらゆる仕事で出会う相手が知りたいことです。ビジネスの話をするときは、たいてい相手は無意識にこの三つを探っています。この三つがしっかりしていれば、本気だと判断できるのです。聞かれる前にこちらから積極的に伝えるようにすれば、ビジネスはすぐに進捗します。

上手い下手より笑顔と情熱

プレゼンでは笑顔で話をしましょう。真面目な顔をして話をすると聞いているほうは息が詰まります。笑みを浮かべ「今からとても楽しい計画を発表します」という気分で語りかけてください。

上手くやろう、完璧にやろうと思えば思うほど空回りします。上手すぎるよりツッコミどころがあるくらいのほうがいいのです。

僕は大事なプレゼンの途中で頭が真っ白になって、「いまちょっと頭が飛んでしまって。三〇秒休憩させてください」と中断したこともありますが、その途端、すごく場がなごみました。「わかる、その気持ち」と聞いていた人たちが共感してくれたのです。結果として、そのプレゼンは成功しました。

あまりに上手くやると、聞いているほうは、何かウソがあるのではないか、丸め込もうとしているのではないかと警戒します。これはプレゼンに限らずコミュニケーションのコツのひとつですが、人は完璧な人には票を入れたがらないのです。それより言葉を噛《か》んだり、手もとが震えていたり、途中でセリフを忘れたりするところに共感します。わざとそうする必要はありませんが、そのほうが一生懸命さが伝わることは事実です。

僕自身、気負いすぎるとどうしても固くなりますし、あまりに流暢《りゅうちょう》に話していると、なんだか相手を騙《だま》すようで落ち着きません。「成功するプレゼン術」や「説得力のある話し方」を研究するよりも、笑顔と情熱を大切にしてください。

言いたいことはひとつに絞る

プレゼンの鉄則は、テーマをひとつに絞ることです。伝えたいことがたくさんあるのはわかりますが、あれもこれもと盛りだくさんなプレゼンは印象に残りません。ストーリーが大事とよく言われますが、それはテーマの周りを包むクッション言葉みたいなもので、なるべく短い言葉で説明できるようにしておくことが大事です。せっかちな相手から「要するに何なの？」と言われたときもしっかり答えられるよう準備しておきましょう。

たとえば、この本も「どんな本なの？」と聞かれて、一章はこうで、二章はこうと長々と伝えても相手は読みたい気持ちにならないでしょう。それよりも「ひと言でいうと、仕事現場のコミュニケーション術の本です」と応えると、「どんなことが書いてあるの？　もっと教えて」と聞いてくれます。一度にたくさんの情報を提供するよりも短く伝えるほうが相手の感情に訴えることができるのです。

僕はプレゼンではいつも最初に「今日はこれを伝えたくて来ました」と切り出すようにしています。相手にも確認してもらうのです。以前、プレゼン中に相手から「今日は何を話しに来たんだっけ？」と言われたことがあって、そのときはあまりにショックで言葉を失いました。話し始めてずいぶんと時間が経っていたのに、相手はまるで理解しておらず愕然《がくぜん》としたという経験があるのです。

以来、最初にしっかりテーマを示すようになりました。そこでお互いの共通認識ができますから、相手と話をしているうちに横道にそれたとしても軌道修正しやすくなります。

何度も会っている相手だと最初の何分かを雑談に費やしているうちに「今日は何のために会っているんだっけ？」となってしまうのもよくあるパターンです。最初に互いに確認してから始めることでそんな失敗は防げます。

プレゼン中も僕は「ひと言でいうなら」というフレーズを何回も使って、相手の注意を喚起しています。続いて、こちらが用意したキラーフレーズをしつこいくらいに繰り返すのです。同じことを何回も言うと、相手は内心「またか」と思うかもしれませんが、こちらのメッセージをより鮮明に記憶してもらえるやり方です。「さっき聞いたよ」と言われたら「僕が言いたいことはこれに尽きるんです」と返すくらいでちょうどいいと思います。

気の利《き》いた言葉をちりばめた上手なプレゼンは、聞いているときは心地いいのですが、あとで思い出そうとしても「結局なんだっけ？」ということになりかねません。相手の印象に残らないのです。それではビジネスが成立しません。プレゼンで大切なのは、伝えるべきことを明確に伝えることです。

相手が退屈していたら話を短くする

相手が退屈しているように見えるとき、もっとていねいに話をしようと、詳しく説明するのは逆効果です。そういうときは話をできるだけ短くします。

予定では三〇分話すつもりだったとしても、相手が退屈そうにしていたら、用意した資料を一枚一枚説明するのではなく、ページを飛ばしながらどんどん先に進めましょう。僕は短いときは七、八分で終えることもあります。

相手は「早く終わればいいのに」という顔をしていても、実際そうなると「あれ、もう終わり？」とその場の空気が切り替わります。そこで「ご不明な点はなんでも聞いてください」と語りかけると、「そもそもこれはどういうことなの？」と質問してくれるのです。

相手が発言する時間が長くなればなるほど、プレゼンの成功率が高まります。こちらが伝えたいことを一方的に伝えるのではなく、双方向のコミュニケーションのほうが相手にとっても理解しやすいのです。質問を受けて、相手が知りたいことに答えるのですから効率がよく、同時にコミュニケーションの質も高まります。相手が退屈しているときだけでなく、場の空気を変えたいときにも使える方法です。

必ずしも相手の質問にすべてうまく答えられるわけではありませんが、質問に答えられないときの一番いい答えは「わかりません」です。いい答えが返せない時点で失格ではなく、相手は不測の事態にこちらがどう対応するかを見ていますから、誠実に対応すれば何も問題はありません。もちろん「調べて〇日までにお返事します」と付け加えて、必ずそれを守るようにしてください。

プレゼンは、しっかりと準備をすればするほど、その通りに進めたいという気持ちになるのですが、言葉だけでうまく伝えようとしても無理があります。説明を短くして質問を投げかけることでコミュニケーションの質が高まり、退屈そうにしていた相手との時間も少しずつ実《みの》りのあるものになっていきます。その一線を超えられると、そこから先はとてもいい時間になるでしょう。

「共感」「信頼」「納得」を意識する

何かを売り込むとき、仕事の話をするときに、意識したい三つの感情があります。「共感」「信頼」「納得」です。僕はいつもこの三つの感情が相手の心に芽生えるよう意識しながら話をしています。

口に出して、「共感してください」「信頼してください」と言うことはありませんが、どんな話し方をすれば相手は共感してくれるだろうか、どんなときに相手は信頼してくれるだろうか、どんなデータがあれば相手は納得するだろうかと考えて話を進めるのです。

これまでも触れましたが、饒舌《じょうぜつ》に話すより緊張して口ごもってしまうくらいのほうが「共感」を得られますし、矛盾を指摘されたとき、口先だけでうまく立ち回ろうとするより、正直に後日調べてお返事します、というほうが、「信頼」が得られます。「儲かります」「信じてください」と口で言うよりもしっかり数字を示したほうが相手は「納得」するはずです。

最後に商売を左右するのは人の感情です。この三つの感情とうまく付き合うことができれば、仕事がスムーズにいくようになります。

成功に足を引っ張られたり、失敗がチャンスになったりするのも人には感情があるからです。人の感情とうまく付き合っていきましょう。

用意した資料を渡さないこともある

プレゼンには必ず資料を用意していきます。人数分をプリントアウトして、一人分ずつ新品のクリアファイルに入れてもっていくのですが、僕はそれを配らないことがあります。

会議室に着くと、目の前には百戦錬磨《ひゃくせんれんま》のビジネスの達人のような人たちが並んでいて、ただならぬ雰囲気が漂《ただよ》っていたら、いきなり話を始めるのです。僕の経験上、こういう人たちは杓子《しやくし》定規《じようぎ》なやり方では通用しません。資料を配って説明しようとしたら「そういうことではないだろう、君」と怒らせてしまうこともあるのです。資料を配る隙《すき》を与えず、いきなり質問攻めにされたり、眼光鋭く「ひと言で説明して」と命じられたこともありました。

最初に資料を配って説明するのが基本的な進め方ですが、それができないこともあると覚えておきましょう。そういうときは、潔《いさぎよ》くいつものやり方を捨てて、自分の声と身振り手振りで伝えるしかありません。彼らが望んでいるのは、常識的で刺激のないやり取りではなく、ガチで相撲をとるような緊迫したやり取りです。覚悟を決めて土俵に上がって正面から勝負しましょう。

ただし用意した資料は持ち帰るのではなく、帰り際に秘書の人や受付の人などにそっと手渡すようにしてください。担当者があとでレポートを作成することもありますし、何かを確認しようとしてもメモが欠けていることもあります。手元に資料があれば、役に立つことも多いはずです。

プレゼンは、その場の空気で行方が決まることもよくあります。今日はこういうことを話しますと言ったのに、その話にいかないままどんどん話がそれていくこともあるのです。

時間がどんどん過ぎていくと焦りますが、そのときは目的を無理に果たそうとせず、相手に寄り添いましょう。相手のペースに巻き込まれてしまったら、無理に奪い返さなくてもいいのです。

そうなったら下手に抵抗しないで場の空気にゆだねながら、相手の様子をじっくり観察してください。その企業が抱えている悩みが見えてくることもありますし、それによって互いが打ち解けて、思わぬ本音に触れられて、結果としてこのほうが、価値があったということも多いのです。そこから新たなビジネスの種を発見することもよくあります。

意思決定に必要なのはエビデンスである

おもにコミュニケーションにまつわる話をしてきましたが、もうひとつ大切なことはエビデンスを示すことです。僕が何かを提案して、その場で「一緒にやりましょう」と話が盛り上がったとします。ところが、後日契約の段階で結果がひっくり返ることがあるのです。

相手が僕の提案に賭けたいと思っても、あとで「いや、ちょっと待てよ」となることもあれば、会社のトップの人たちの許可が得られないこともあります。

その人が僕の提案に感じた可能性や信頼を、その場にいなかった人に伝えようとしてもそのまま伝えることは難しい。意思決定の過程では、そのプロジェクトを正当化するためのデータが必要なのです。

だから僕はいつも、相手の企業が意思決定しやすいデータを資料として用意します。その人が僕の提案を社内でうまく説明できるための資料をお土産として渡すのです。

たとえば託児所を作るための資金調達であれば、地域住民の平均年齢や出生率、共働き世帯数などをもとにすれば、どれくらいの売り上げや利益が出るのか予測ができます。

今は少していねいに調べれば、そうしたデータはすぐに集まります。省庁や企業の統計データには、テレビの視聴時間や料理にかける時間、一カ月の書籍代から、毎日朝食を食べる人の割合、健康上の悩みなどを性別や年代別、地域別に集計したものがあるのです。

投資する側は、感情ではなくしっかりデータの裏付けがあって意思決定したのだと示すことができれば、失敗しても言い訳ができます。コンプライアンスが厳しくなり、意思決定の過程が重視される時代なのです。その時点で失敗を予測できなかったのだとしたら責任を押しつけられることはありませんから、相手にとっては意思決定しやすくなります。

情熱だけでは組織を動かすことはできません。たとえ経営者であっても失敗すれば株主から責任を追及されますから、決断する理由を示す必要があります。

ただ僕はプレゼンでエビデンスを前面に押し出すことはしません。プロジェクト本来のテーマや意義を理解してもらうことのほうが大事ですから、あくまでお土産としてよかったらどうぞ、という気持ちで渡しています。本来なら、相手側が自分たちの意思決定のために自分で調べてもいいのです。

取引先の中には、自分でしっかりエビデンスを準備する人もいます。僕が提案したプロジェクトを理解してくれて一緒にやりましょう、となったのですが、数日後にそのメンバーの一人から「僕はいま松浦さんの過去の仕事を追いかけています」と連絡があったのです。

彼は、これまでに僕が関わったプロジェクトを、自分の足を使ってあちこちに見に行っていました。自主的にリサーチしていたのです。僕はそのときもお土産として自分なりに集めたデータを渡してあったのですが、しっかり自分の目で確認して写真を撮って、それを添えてトップに報告しようと思ったのでしょう。ほかにありますかと聞かれて、「これとこれです」と伝えたのですが、この熱意は僕も見習わなくてはいけないと感心しました。

そこまでやれば経営者は絶対にノーとは言いません。「これは本当にうまくいく確証はあるのか」と言われて、現場もすべて見てきました、と写真を並べられたら、これほど説得力のあるものはありません。

データも説得材料になりますが、実際に自分の目で確かめ、肌で感じたものをプラスすると、なおいいのだと彼に教えてもらいました。経営者や上司の許可を取るためにはエビデンスが必要ですが、そこに自分の足で確認したものが加わると最強です。

プレゼンの最後は決断をうながす

プレゼンでは、いつも最後は汗びっしょりになるのですが、僕が目指しているゴールは「決断」です。相手に決断してもらうこと。

一生懸命プレゼンをやって力を出し切って手応えも感じられても、それはまだゴールではありません。プレゼン終了と同時にヘトヘトになってしまって「追ってお考えを聞かせていただけますでしょうか」と結論を相手に預けて帰ってきてしまうことがありますが、どんなにプレゼンが上手にできたとしても成果につながらなくては意味がないのです。

最後に「どうでしょうか」と相手に聞きましょう。返事を聞くまでは終わりではありません。目の前でノーと言われるのは怖いから決断をうながさずに相手に預けようとしてしまうことがありますが、それだとゴール前に倒れてしまったのと同じです。そこはもうひと踏ん張りしてください。

なぜその場で決断をうながすことが大事か。先送りにすると、流れることが多いのです。「あの件はどうでしょうか」とこちらから尋《たず》ねない限り連絡はありませんし、そのタイミングでは、もう相手の興味は薄れています。プレゼンはうまくいったのに、契約が取れないのはそこに原因があるのです。

プレゼンではたいていの場合、意思決定をできる人がいますから、その場で決めてもらうのが最良のゴールです。その人が「いいと思うよ」「前向きに進めましょう」と言ってくれれば、同席した人はみんな聞いていますし、当然議事録もとっていますから、次の段階に入って、しかるべき担当者が粛々《しゅくしゅく》と進めてくれます。だから、そのチャンスを絶対に逃してはいけないのです。

もちろん相手からすると、はっきりとその場で「契約しましょう」と言えない場合もありますが、前向きに進めるのか、まったくのＮＧなのかは伝えてもらわないと、こちらとしても次の手が打てません。お返事をいただくまで帰れませんという態度で食いついてもいいと思います。真剣なビジネスの場である以上、勝負を曖昧にしてはいけないのです。負けてもいいからしっかり確かめましょう。

プレゼンテーションのゴールは、うまくやることではなく決断をうながすことです。

いい提案は相手の悩みに応えることができる

僕は自分がやりたいと思った仕事、自分ならもっとうまくできると思った仕事を相手企業に自分から営業をするという話を第一章で書きました。まったく面識のない企業のトップに、一から売り込むのです。ここでは、自分で一から仕事を作って売り込む方法をさらに具体的に紹介します。

「自分ならもっとうまくできる」というのは感覚的なものです。その時点でデータや理論的な裏付けがあるわけではありません。

ですから企画の第一段階は、相手の今の状況や今どんなことに困っているか、この先にどんな展開を考えているかを調べることです。

上場企業であれば数年分の決算書類を読み込み、業界の動向、同業他社の様子などをしっかりと調べた上で、この時期にこうなり、今はこんな状況にある、と自分なりに経営分析をします。求人情報も貴重な情報源です。そこから今、どんな人材を求めているのかがわかりますから、これからの事業の方向性も見えてきます。

その上で、この企業は「今後アジア市場で勝負しようとしている」「デジタルメディアに軸足を移すつもりだろう」などと仮説を立てて、さらに経営者は何を課題だと考えているだろう、と想像するのです。企業では、ポジションの高い人ほどすぐには解決できない大きな悩みを抱えています。それを解決するような企画なら、大歓迎してくれるはずです。

ある企業の経営者にプレゼンをして一緒に仕事をするようになったのですが、それも彼の悩みにうまく答えられるような提案ができたからでした。

その企業の経営者はとても高い理念をもって経営しているのですが、理念が社員に十分理解されているとはいえない状況で、もどかしさを感じているのではないかと思いました。そこで、経営者の理念が社員に浸透するような施策を考えて提案したところ、すぐにOKがもらえました。

別の企業では、海外進出に際して日本でこれまで伝えてきたコンセプトをそのまま持ち込んでも苦戦するだろうと考え、どういうコンセプトを打ち出せばいいかを幹部の前でプレゼンしたところ、自分の気がかりだったことを言葉にしてくれたと、経営者がもっとも喜んでくれました。

どちらも相手企業はどんな悩みを抱えているかを僕なりに熟考した結果です。僕はいつも企業が気づいていない価値を見つけて、それを提案するパートナーになりたいと思っています。それがうまく繋がりました。

プレゼンで、これまでの実績やメンバーのプロフィールを伝えて自分たちの表現や個性を生かすようなアイデアを自信満々で提案することがあります。たしかにそれは質の高いアウトプットになりますが、相手が求めているのは自分たちの役に立つアイデアです。どんなに立派なアイデアでもその視点が抜けていると、一緒に仕事をすることにはなりません。そのアイデアはときに過剰だったり、あるいは方向性がずれていたりするからです。

自分たちの得意なことで勝負するのは悪いことではありませんが、大切なのは相手の土俵に、いかにうまく着地するか。そのためには、綿密なリサーチが欠かせません。

第四章 交渉する

駆け引きはしない

交渉で一番の山場はお金の話ではないでしょうか。いわゆるクロージングです。お金の話が駆け引きになるとどちらかが妥協することになります。当事者にとってはストレスが大きい作業ですから、時間や労力をかけるのは、業務として効率がいいとは言えません。

ものを売る商売やこれまで長く続いてきた契約なら、誰もが大体の相場を知っていますが、僕のような、これまでになかったものを創造したり、新しいサービスを提供したりするビジネスでは、どのような価値を認めるかで値段が大きく変わってきます。

だから僕は、いきなり見積もり金額を提示することはほとんどしないようにしています。見積もり金額は、仕事にかかる日数や人員、技術、価値などを考えた上で算出した、しっかりとした根拠のある数字ですが、それが相手にとって妥当な金額かどうかはわかりません。自分たちにとっては正当性のある金額でも、場合によっては、こちらの金額の半分くらいしかイメージしていないこともあります。そうなってしまうと調整は難しい。この分野でこんなに実績があるとか、この技術はこんなにすごいものだとアピールしても、相手の予算と大きなズレがある場合、理解を得ることはほぼ不可能です。

だから金額の話になる前に、相手がどのぐらいの予算をイメージしているのかをヒアリングするようにしています。ズバリと聞くことはありませんが、先方がイメージしている金額がどれくらいかを事前に把握しておいて、そこから大きく外れない金額を見積もりとして提示するのです。

先に数字を出して「あくまで叩き台です」と言いながら交渉するやり方もありますが、それでは駆け引きになってしまい、調整する過程でお互いを誤解したり、信用を損ねたりするおそれが出てきます。

ある種のルールが存在する業界もあるのかもしれませんから、僕の経験だけで断言できませんが、双方が取引を成立させたいと考えているのなら、金額の面については事前に協力し合う姿勢をもって話し合うことが大切です。

いったん提示した金額が相手にとって厳しいとしても、双方の話し合いによって満足のいく合意点がみつけられることもあります。これは駆け引きではなくすり合わせです。

お互いの事情を伝えながら話し合いができる関係性があれば、互いに交渉にストレスを感じませんから、たとえこのときは取引が成立しなくても、別の機会に、「今回は予算が潤沢ですから、一緒に仕事をしませんか」と声がかかることもあります。

こちらの都合優先で話をするか、相手の立場に配慮して話をするかで、関係性は大きく変わってきます。自分たちの都合を一方的に伝えて、強引にその条件を飲ませるようなビジネスのやり方では互いの信頼関係を築くことができません。

交渉とは、自分たちにとって有利な条件をねじ込むことではないのです。力の強弱でものごとを押し切ったとしてもどこかで必ずひずみが出ます。目先の勝ちにこだわらず、相手の事情を理解した上で協力し合い、譲歩することも大切です。

費用対効果は最大の説得材料になる

金額を決定するときに、大事なことはひとつしかありません。費用対効果です。費用対効果がよければ、こちらの見積もり金額と相手の予算に多少のギャップがあってもうまくまとまる場合が多いのです。

金額の大小にとらわれた交渉はストレスが大きいものですが、費用対効果について率直な話し合いがもてると、とてもいい取引になります。

自分たちが提供できるものにはどんな価値があるのか、それを金額にするとどうなるかを一方的に伝えても相手の理解は得られません。この作業にはこれだけの日数がかかる、この技術の開発にはこんなにも長い歳月を費やしたのだ、とどれだけ具体的に自分たちの事情を説明しても、それらは相手にとってどうでもいいことです。

説得したいなら、相手がその取引でどんな効果を得られるかを、具体的に提示する必要があります。大切なのは相手が想定している効果に加えて、相手が気づいていない効果にも気づかせることです。それができれば、費用対効果がぐんと高まり、とてもいい取引だと納得してもらえます。

ここでも相手企業についてのリサーチが役に立ちます。財務状況や業界の動向を調べた上で、ある程度さまざまな仮説を考えて、自分たちがやることでどんな効果が得られるかを説明するのです。合理的に考えればその金額は高くないという理解が得られると、「なるほど、わかりました」と案外すんなりと取引が成立します。

このときに準備したデータは、相手が上司を説得するためにも使えます。予定していた金額よりも高かった場合、相手はその場で判断できず上司や経営者の許可が必要になることもあるので、よかったらどうぞ、と手渡すときっと役に立つはずです。

さらに同業他社が、どんな仕事をどれくらいでやっているかという事例も調べておくといいでしょう。同じことをやるとしたら、A社ならこんな内容でこれくらいの値段、B社なら、というように。うちはA社より高いかもしれないけれど、それはこういう理由です、こういうことをよそはやりません、と比較して説明すると、さらに説得力が増します。

ほかの企業と比較するための相見積もりを、こちらが提示するようなやり方です。自分たちの提案する企画の価値をさらにわかりやすく説明できます。調べるのは大変ですが、本気でその仕事を取りたいならそこまですべきです。

僕は、駆け引きよりも相手に納得してもらうための準備に時間を使いたいと思っています。そこが商売の頑張りどころです。

晴れて契約が取れたら、次は相手の期待値を超えられるよう仕事を進めましょう。

「一式」表記で見積もりを出さない

見積書を提示するときに一番やってはいけないのは、内訳を一切記載せず、まとめて表記する「一式」です。「ウェブサイト制作一式」「内装工事一式」として総額でいくらとしてしまうと、金額の根拠がまったくわかりません。

ここから一〇パーセント値引きをします、と言われてもそもそも値段の根拠がわかりませんから、ありがたいというよりは戸惑いのほうが大きいのではないでしょうか。

見積書に内訳をきちんと書くことで、仕事内容を具体的に伝えることができます。費用対効果を説明するときも説明しやすくなりますし、値引き交渉にもしっかりと対応することができます。

うまくいっている会社ほど費用対効果を気にする

取引をするなら、業績のいいところがいいと考えるのはビジネスであれば当然のことです。自分たちの実績にもつながりますし、ほとんどの場合、やりとりもスムーズで支払いが遅れる心配もせずにすみます。

ただし覚えておきたいのは、その会社が業績を上げているのは、費用対効果に厳しいからだということです。費用対効果がいいことしかしていないから業績がいいのです。交渉するときも、とてもシビアにその点をついてきます。

一方で、低迷している会社はそれほど厳しくないことが多いようです。こちらから費用対効果の話をすると、自分たちにはその視点が欠けていた、参考になる、とよろこばれることもあります。

儲かっているのだから、これくらいは大目に見てくれるだろう、それほどうるさいことは言わないだろう、と油断すると思わぬ落とし穴に遭遇します。費用対効果の話をどれくらい緻密にできるかで、交渉に大きな差が出るのです。

相手が何も聞いてこないからいいだろう、と油断していると、あとでしっぺ返しをくらうことになるので、相手から聞かれるより先にこちらから、この費用にはこんな効果があると話をしましょう。聞かれたことに答える展開では、どうしても後手に回りますから、自分たちが伝えたいことをうまく伝えきれなくなります。

ましてや「うちはいつもこんな感じでやっています」というような大雑把な説明で終わらせると、一〇〇パーセント、取引は成立しません。せっかくのビジネスチャンスを失うことになりますから注意してください。

交渉前に、資料をしっかり準備しておきましょう。業績がいいのだから大丈夫と安易に判断してはいけません。現実はまったく逆なのです。

一度出した金額は変えない

見積もりで一度提示した金額は、変えないことが原則です。相手の出方によって金額を変更することは、長い目で見れば信用を損ないます。だったら最初からそうすべきで、最初の数字にはどんな根拠があったのかという疑問が残るでしょう。

相手から「もう少し安くしてください」と言われたら、コストと費用対効果をもとに安くできないことを説明するのがベストです。費用が減ればそれだけ得られる効果も減るということに、相手が気づいていないこともしばしばあります。内訳をしっかりと記載しておけば、「作業にかかる日数を減らすことになりますが、その場合、こういうことはできません」というように、しっかり説明できるので、やみくもに値切られることはないはずです。

それでも、どうしても値引きをしてほしいということであれば、単純に全体の金額から値引きするのではなく、作業工数を減らす、アウトプットのクオリティを下げる、サービスのグレードを落とす、稼働時間を減らすというように、同時に業務の内容も調整することで応じましょう。そもそも見積もり金額は、業務内容と連動しているのですから。

一度値引きに応じると、相手は「今回もお願いします」とその後も値切り続けます。「前回はこうでした」と言われて値引きせざるを得ない状況が続くと、こちらとしてはあらかじめ値切られることを想定して、見積もりにその金額を上乗せした数字を提示せざるを得ません。お互いが腹を割って話し合うことを避けて、駆け引きというゲームになってしまっては本末転倒です。

しつこく値引きを要求する相手とは、無理をして取引しないことも大事です。

メリット次第で例外も認める

金額の交渉は、公明正大に行うべきですが、すべてのビジネスで正当な報酬を求めるわけではありません。相手を助けるつもりで損をしてでも取引をして、あとでリターンを求めるケースもあります。

時間も人も技術もいろいろなリソースをフルに使って自分たちにとっては大赤字だったとしても、次の仕事を取るためにはそれが最適な方法だということも場合によってはあります。赤字分を投資と考え、相手との関係性をつくる意味で引き受けますが、長期的に考えればリターンがあるという判断であって、これはごく特殊なケースでしょう。

相手の面子《めんつ》を考えてどうしても値引きをしなくてはならないときは、端数《はすう》を消すぐらいのことで納得してもらいましょう。それもあくまで例外としてだということを念押ししてください。

商売は、すべてが論理的に押し切れるわけではありませんが、まるっきり損をしてもいい取引はありません。ときには協力やサポートとして引き受ける仕事もありますが、その場合も金額では表せないメリットがあるはずです。例外は認めますが、どんな取引であっても収支やメリットとデメリットはしっかり把握するようにしてください。

注文する側なら値引きは一切要求しない

注文する側と、仕事をする側でいうと、仕事をする側は、たいてい予測以上にコストがかかります。仕事は、相手の期待値を超えることが一種のゴールだからです。

仕事をしていると、想定していた条件よりももっと厳しくなって予測した以上に頑張らなくてはいけない状況になることもあれば、ここでさらに、時間をかけて作業を足せばもっとよくなるということも絶対にあります。そこで出し惜しむようでは成長しません。

すべてを出し切って貢献するのが仕事ですが、ほとんどの場合、そうしたプラスαの頑張りを想定した見積もり金額にはしていませんから、どうしても自分たちの利益が減ることになります。

立場が逆でこちらが発注する場合は、相手の条件を受け入れることが予想以上のリターンにつながります。

だから僕はどちらかと言えば、仕事を受注する立場より、発注する立場のほうが気を使います。仕事は取引先の協力なしではうまくゆきません。

僕が仕事を発注した相手は僕だけではなく、いろいろな人や企業と仕事をしています。僕と仕事をすると、報酬もいいし楽しいし成果をしっかりアウトプットしてくれて、自分自身のキャリアにもなる、ということであれば、他の仕事を断ってでも引き受けてくれますが、僕と仕事をしたらきついし、損するし、大変だとなると、優秀な人は続けて仕事をしてくれないでしょう。

いただいた見積もりは精査しますが、費用対効果に納得できたらできる限り相手を厚遇します。値切ることはしませんし、相手が仕事をしやすいよう環境を整えたり、報酬の支払いをできるだけ早くするなどして、相手の負担ができるだけ少なくすむよう進めます。そのほうが自分のビジネスにとってもいいことが多いのです。

次にカウブックス（6ページ参照）の例を紹介します。

取引相手を厚遇することがクオリティコントロールになる

カウブックスを始めた頃には取引する相手とこんなことがありました。古本屋はいかにクオリティの高い本を揃えるかが勝負です。そこで僕は自分たちの売る金額の四分の一で買い取ると公言し、一〇〇〇円で売れる本だと、二五〇円で仕入れていました。日本の古本を扱う業者の多くは、どんな本かは関係なく「ひと山一〇〇円」とか、安い金額でまとめて仕入れるやり方ですが、僕はそのやり方はしなかったのです。

古本のバイヤー的な役割を果たしている人たちのなかにはホームレスの方たちもいます。ゴミ置き場から売れる本を集めたり、古本屋によくある一冊一〇〇円のところから転売目的で購入したりする人たちが東京にはたくさんいるのです。僕は自分の決めたルールの通り、その人たちが持ってきた本を一冊ずつ売り値に応じて、これは三〇〇〇円で売るから七五〇円、一〇万円で売るから二万五〇〇〇円と、明朗会計で対応していました。彼らは往々にして身なりにはまったくこだわらず、それどころか人によってはかなり強烈な匂いを発する方もいる。だけど僕はとにかくそういう人たちにもきちんと対応しようと、古本を売りに来るとコーヒーを淹《い》れたりして、もてなしました。

すると、どうなったかというと、いい本が見つかったら、カウブックスに持っていくのが一番高いという噂が東京に、しばらくすると日本全国に広がったのです。自分たちが売りに行ってもイヤな顔ひとつしないし、コーヒーまで淹れてくれると。

結果、カウブックスには、日本全国からいい本がどんどん集まり品揃えがどこよりもよくなりました。相手に気を配った結果、質の高い商品が集まり、品揃えも充実し、自分たちの商売がとてもいい状況になったのです。

このときに学んだのは、相手に損をさせないで、厚遇することが、自分の仕事のクオリティコントロールにつながるということでした。自分が仕事を受注したとき、頼まれたときには期待値を超えることが大事とこれまで話してきましたが、自分が発注する側でも同じことが言えるのです。

どうしてもこの本を探したいとなったときも、その人たちに伝えれば、懸命に探してくれます。「カウブックスさんがどうしても探したいらしいぞ」と力になってくれるのです。

商売ではどうしてもお金を出す側が、立場が上になりがちですが、いつ立場が逆転するかはわかりません。仕事をしていて一番大変なのは、困ったときに助けてくれる人がいないことです。

取引相手を厚遇することは、自分のためにもなります。交渉を有利に進めることだけにとらわれないようにしてください。

「すみません」は使わない

「すみません」は、いろいろな場面に対応するとても便利な言葉ですが、ビジネスシーン、特に何かを交渉する際には、なるべく使わないですませたほうがいいでしょう。

コップを落として割ったときなど、とっさの謝罪に「すみません」を使うのはいいのですが、やめたいのは何かを指摘されたり、たずねられたりしたときなどに、反射的に出る「すみません」です。

僕も以前は、あまり意識せず使っていましたが、あるとき尊敬している年上の友人から「それは、自分への評価を下げる言葉だから使わないほうがいい」と言われて、たしかにそうだと気がつきました。

たとえば、取引先から「これはどうなっていますか?」と聞かれて、すぐに「すみません」と返してしまうと、相手はうまくいっていないというニュアンスを受け取ります。返事をするのに必要以上に時間がかかっていたとしても、こういう事情で遅れていますが、この日までには確認できます、と答えれば十分事足りるのに、「すみません」を使うと必要以上に、自分たちの立場を低くしてしまうのです。

上司から「ここ、間違っているよ」と指摘されたときも、素直に「すぐ修正します」と返事をすればすむのに「すみません」を使うと必要以上に自分への評価を下げます。間違うことは謝罪が必要なほど悪いことではありません。

相手に何かを説明するときもすぐに返事をするときも、自信をもって話すことが大切です。ふんぞり返る必要はないのですが、自分の発言に自信をもって伝えることが相手に対する敬意の表れでもあります。それだけしっかり取り組んでいるということですから。

どこかの国のことわざに「人の前で話すときは王様のように話せ」とあるそうです。王様のように自分の意見をゆったり堂々と話すと、相手は耳を傾けます。これには続きがあって「人の話を聞くときは家来のように聞け」となるのです。ひと言も聞きもらさないという真剣な姿が伝わって、話すことと聞くことをとても上手に表現しています。

王様はきっと「すみません」は使わないでしょう。人と話すときの心構えとしてとても大事なことだと思います。

「ノー」のルールを決めておく

交渉では「ノー」と言わなくてはいけない場面もたくさんありますが、難しく感じることも多いのではないでしょうか。丸く収めるために「イエス」と言っても、その場限りのいい結果を手にするだけですし、あとでトラブルになることも想像できますが、それでも「ノー」が言いづらいのは、相手を否定したり拒否したりするのが怖いから。

いざというときに迷わないようにするためには、ノーというルールを作っておくといいでしょう。事前に、自分の頭の整理をしておくと判断を誤らずにすみます。はっきりしておきたいのは、スケジュールと予算、それからクオリティです。

そこにある程度の線引きをしておかないと、あとになって「よく考えてみたらこのスケジュールでは無理でした」「やはりこの予算では厳しいです」と言わざるを得ない状況になります。これはその場で「ノー」と言うよりももっと難しい。クオリティはスケジュールと予算との兼ね合いもあり、曖昧な言い方で期待をもたせてしまうと、あとでトラブルの原因になります。

はっきり「ノー」を言わずに「社内で検討してからお返事します」とやり過ごすこともできますが、その場で意思決定ができないのであれば、その日の打ち合わせの価値は半減します。細かい確認事項は別にしてもなんらかの意思表示が必要です。

その場で「ノー」と言えることの一番の価値は、相手と自分は対等だと示せる点にあります。社内に持ち帰ると「あなたは当事者ではなく、ただのメッセンジャーだったのですね」と思われかねません。それでは相手からの信用を失います。

スケジュールと予算、クオリティは、約束をする上でもっとも基本となる事項です。この三つについては社内で確認をして、ルールを事前にはっきりと決めておけば、曖昧な「イエス」は言わずにすみます。

その場でしっかり「ノー」と言うことは、あなたの価値を高める行為です。

想定問答集は多すぎるくらいでよい

業績が思うように上がらないときに、この苦境を突破するにはどうすればいいのかと議論したときのことです。

　プロジェクトを立ち上げて実行し、結果を出すまでのなかで、起こり得ることを想定して、クライアントは自分という組織に対し、どういうときにどんな疑問や不安を抱くだろうと考え、質問したいことをリストアップしたことがあります。

　そのときは合計で七十項目あまりになりました。次に、それらの質問をこれはどうなりますか、これについてはどう考えていますか、と一つひとつ答えていったのですが、ほとんどがうまく答えられませんでした。

　ワークを通じて、自分がいかに相手の立場で考えていなかったのか、説明するべきポイントの理解が浅かったのかがわかったのです。そして自分の欠点も浮き彫りになりました。うまくいっていないのは景気の悪さなど外部環境の問題ではなく、自分たちのプランニング能力の低さや、コミュニケーション不足、情報不足、スキル不足が原因でした。

　相手の立場から質問項目を作って答えることは、これまで僕個人が大切な会議やプレゼンテーションに向かう前に、無意識にやっていたことです。この提案に対して、相手はどんな疑問をもつだろう、何を知りたいと思うだろう、と考えて質問を書き出し、一つひとつ答えを考えると、自分たちのプロジェクトが相手にとってどんな意味をもつかがわかります。

全体が俯瞰《ふかん》できて、中長期的な計画も見えてくるので、何かを交渉するときにはものすごく役に立つ方法です。企業が株主総会の前に、想定問答集を作ると聞きますが、それと似ているかもしれません。

交渉するときは、自分の立場を主張するだけではうまくゆきません。むしろ相手の立場をどれくらい理解できるかが大切です。そのためには相手側からの質問項目をできるだけたくさん考えてみてください。そしてそれに一つひとつ答えていくのです。視点の転換をはかる、とてもいい訓練になります。

流れを変えたいときは席を外す

しっかり準備をして交渉していても、予想していた方向とは全然違う展開になったり、準備していたものがまったく意味をもたない状況になったりすることもあります。もうパニック寸前まで追い詰められたときには、どうすればいいでしょうか。

これはいつもできることではありませんが、トイレというのはひとつの逃げ場になります。「トイレをお借りできますか。すぐ戻ります」とその場から離れることで、自分自身も冷静になれますし、その場の勢いを変えられることも多いのです。

これはある編集者がたまに使う手だと教えてくれました。彼は仕事でたくさんのインタビューを経験しているのですが、一番困るのは、質問と関係のない話を自分勝手に続けられて収拾がつかなくなることだそうです。どうしたって話の流れは変えられないとなったときは、トイレに行くと言って席を外して戻ってくると、相手の勢いが止まってインタビューを組み直すことができると言っていました。だから、僕もそのやり方を真似させてもらうことがあります。

交渉の場では相手に圧倒されてしまうこともあれば、あまりに混乱してしまい、自分自身が何を言っているのかわからなくなってしまうこともあります。そのときに「トイレに行かせてください」と言ってその場から離れると、自分だけではなく相手も冷静になって、うまくまとまることが多いです。

流れを変える方法がもうひとつあります。これまで情熱をもって話をすることが大事だと言ってきたことに反するのですが、自分にとってあまり好ましい状況ではないと感じたときは、あえて沈黙するのです。

相手が感情的になっていたり、話が堂々巡りになっていたりして、どう考えてもいい着地点が見出せないと思えるときは、交渉を続けるよりも沈黙したほうが効果があります。コミュニケーションにおいて、沈黙は怖いものです。僕自身も相手が黙り込んだときは自分に何か不手際があったのかと不安になります。

僕の場合は、交渉を有利に進めるためにではなく、相手に思考をスイッチしてもらうために沈黙することがあります。相手がそわそわして、自分が何か失礼なことを言ったかもしれないと振り返ってくれたら交渉再開です。

相手のペースに乗せられたら意思決定は先送りする

プレゼンもそうですが、交渉も上手い下手はほとんど仕事の成果に関係がありません。話し下手な人がいますが、そういう人が意外と大きな取引を決めてきたりするものです。彼は、自分は上手く話せないからと事前の準備にかなり時間をかけていますし、相手の話にしっかり耳を傾けることもできます。だから相手によろこばれるのでしょう。

しっかり準備をしていれば、多少の話し下手でも相手は一目置いてくれますし、一生懸命さが伝われば、相手は意地悪な質問もしないものです。むしろ話すのが上手な人は、自分なりの解釈をしすぎていることがありますから、突っ込まれます。

ひとつ注意したいのは、相手が台本を用意しているときです。こちらを上手く自分のペースに乗せようとあの手この手で誘導します。

そんなときは、できるだけその場で意思決定をしないで帰るようにしましょう。交渉で一番怖いのは、意思決定をするための材料が揃わないまま、相手のペースに乗せられて「イエス」と意思表示して誤解を与えてしまうことです。十分に議論をし尽くしていれば別ですが、まだ不十分なのに「今日ここで決断してください」「今はっきりイエスかノーかを言ってもらえないと困ります」と言われたときは、質問をしたり、条件を持ちかけたりするよりも、今日は決められません、ときっぱり宣言するしか方法はないでしょう。

自分のペースでことを進める人は、早く決断をさせようとすることが多いのですが、そうしたやり方はあまりフェアではありませんし、ある種のパワハラに近いと感じます。上手い下手はあまり関係がありませんが、毅然とした態度はときにとても大切です。

意思決定を相手に委ねる

僕は仕事で人に会うときはいつも、今日はいい商談だったと思ってもらえるようにしようと心がけています。自分がうまく交渉して相手を言いくるめた、自分の思い通りにことが運んだ、というのがいい成果だとは思っていません。ビジネスマナーで、相手より先に電話を切らないというのがありますが、それと同じことで、どんなにタフな交渉でもいつも相手の顔を立てるつもりでいます。

意思決定は、相手が自分からしてくれることが一番いい終わり方です。「これでいいでしょうか」と僕が聞いて「はい」と言わせるのではなく、こちらが情報を提供して話の流れをつくるにしても、最後は相手から「では、これでお願いします」と言ってくれるのを待ちます。交渉ごとでは主導権を握る必要はなくて、むしろ負けているくらいでいいのです。

勝ち負けにこだわる人はいます。勝ちにこだわる人は自分が主導権を握ることで安心しますし、負けたことを理不尽に感じる人は、「譲らされた」「譲ってやった」とまるで自分が犠牲者のように振る舞います。

僕が負けているくらいでいいというのは、戦うことがムダだと思っているからです。勝ち負けにこだわると、小さなことが気になって仕事が前に進まなくなります。仕事とは、決して勝ち負けではありません。

取引先との交渉でも、社内のやり取りでも勝ちたい人、競争したい人はすぐに挑んできますが、相手をすると消耗するだけです。それでは仕事の本質から外れてしまいます。土俵に上がらず、相手をじっと観察してください。攻撃されても無抵抗を貫《つらぬ》きましょう。そうすることが自分の心を守ることにもつながります。

失敗しても引きずらない

晴れて取引が成立したとき、僕はすごく不安になることがあります。自分からこんなことがしたい、と相手に提案して、最初は半信半疑だった相手が自分のことを信じてくれて、「やりましょう」と言ってくれたのですから、ビジネスの目的を果たした、とても幸せな瞬間のはずです。それなのに、何かゾッとする感触があります。それは緊張感とも言えるでしょう。

言葉や態度には、嘘も悪意もないのですが、過度な期待を与えていないか、余計なひと言を言わなかっただろうか、誤解を与えていないか、と考えて、震えるほど怖くなるのです。不思議なことですが、失敗するよりも成功したときのほうが怖いかもしれません。もう引き返せないのです。やるしかないのですが。

失敗したときは、「ああ、今回は失敗したな」と思うだけで、引きずったりはしません。もともとあまりぐちぐちと後悔しないのです。反省している時間があれば、前に進みます。こうしたほうがよかったというのは自然とチューニングすればいいことで、改めてあれがダメだった、これがよくなかったといちいち具体的に反省することはありません。

成功するとそこから、もっともっとと、さらに高みを目指すことになります。本当に実現できるのかと恐怖を感じるのは当然です。

成功しても失敗しても、僕はいつも歩みを止めずに走り続けています。たとえ一歩でもいいから、いつも前に進み続けていこうと思っています。

第五章　トラブルを乗り越える

トラブルになったらまずは正直になる

経験を積んだビジネスパーソンなら誰でも、トラブルは起きるものだと知っています。だけどトラブル初心者は、とっさに隠そうとします。なるべく穏便《おんびん》にすませたい。できれば責任は負いたくない。

問題になるのは起きたことそのものではなく、向き合い方、切り抜け方です。僕はそれなりにトラブルを乗り越えて来ましたが、「お金を返してもらいたい」「訴える」と言ってくる人はほとんどいません。だからまずは正直になりましょう。

コミュニケーションは、投げる側と受ける側のやりとりで成り立ちます。不審に思って質問したときに何を見ているかというと、答えの内容よりも答え方です。知ったかぶりをしていたり、ごまかそうとしていたりすれば、なんとなく気がつきます。コミュニケーションのマニュアルにあるような、相手の目を見てハキハキと答えたらすべて信用できるというものではないでしょう。

僕もある仕事で、取引相手に説明を求めたことがありました。相手の対応に納得がいかなかったのです。そのときにすべてを正直に話してくれれば、僕も一緒に解決策を考えることができたのですが、そうではありませんでした。その人なりに頭脳をフル回転させて一番いい答えを用意したのだと思いますが、僕は、相手が正直に話をしていないことにがっかりしたのです。肝心なところでつじつまが合わないですし、そういう対応をする人のことをこれから先も信用して取引を続けることは難しい。

ミスは誰にでもありますから、そのこと自体を問題にすることはほとんどありません。僕自身もこれまでたくさんのミスをしてきました。

ビジネスパーソンに必要なのは、優秀さよりも勇敢さ、そして誠実さです。ミスしたときに「ミスしました」と報告できる勇敢さがあれば、なんとかなることがよくあります。たとえば最初にごまかしていたとしても、「じつはこのとき、僕はなんとかなると思って報告しませんでした」と正直に話せば、「ごまかしていたのか」と怒る人はいません。むしろ正直に話したことを評価するでしょう。

ビジネスで起きるトラブルは、個人だけが悪いのではなく上司や部署、あるいは社内の仕組みがもとになっていることもよくあります。だけど「自分だけが悪いのではない」と思うあまり自己弁護を優先してしまうと、相手は納得しません。

そういうところも含めてすべてを正直に報告すればいいのです。「うちの会社には、こうした仕組みができていなくて、発見が遅れました」と言えば、相手も「たしかにそういうことはありますね」と共感します。自分もそういうことをしてしまうかもしれないと想像するからです。信頼関係はそこから始まります。

同僚や部下のミスをひとりでかぶる必要はありません。名前を出す、出さないは別としても事実は事実として報告してもいいのですが、自分がどうすべきだったかは必ず分析して言い添えましょう。

すべてのミスを報告する必要はありませんし、大げさにしないほうがいいこともあるでしょう。ものすごく初歩的なミス、社会人としてあってはならないようなミスもあります。恥ずかしくて口にできないくらいのレベルだったとしても、下手に事実をすり替えるよりそのまま話すといいでしょう。場合によっては、「バカだなあ」と一気にその場が笑いに包まれることもありますから。

相手が気づいたときは正直に謝る。すぐに謝る。相手が不審に思って聞いてきたらごまかさない。当たり前のことですが、案外できていない人が多いのではないでしょうか。トラブルの解決法として、正直さに勝るものはありません。

ミスは行動で解決する

どんなに入念に準備をしても、どれほど注意を払ってもミスはするものですが、大切なのはそのあとです。

まずは初動をどれだけ早くできるか。重大なミスであれば、すぐに相手のところへ行くこと。関係者全員が揃って行くという考えもあるかもしれませんし、必要な資料を整えてからと思うかもしれませんが、それはあとからいくらでもできます。謝罪はスーツで行くことがマナーだという人もいますが、わざわざ自宅に着替えに戻るくらいならそのままで十分です。大きなミスほど怯《ひる》んでしまうものですが、そのとき素早く動けるかどうかで、あとの流れは大きく変わります。まずは当事者の前に顔を見せて、正直に事情を話しましょう。大きなトラブルに発展するかどうかは初動にかかっていると言えるでしょう。

ミスの大きさによっては、メールで説明するだけで十分かもしれませんし、「こちらに来る時間があるなら急いで対応してくれよ」という場合もありますから、相手のところへ行くことがもっとも正しいやり方とは限りません。

だけど、自分が行動を起こすことなしでは解決しないと覚えておいてください。対応が決まっていなくても「こういう状況です」とメールを一本送れるかどうかです。上司に相談してからにしよう、もっと詳しく事態を把握してからにしよう、と先送りしてしまうと、ことが大きくなります。なぜもっと早く伝えてくれなかったのかと相手が思うからです。

自分なりに素早く動いて誠意を尽くしたつもりでも、着地点が見つからず大きなトラブルに発展することもあります。すべてが思い通りにはいきません。報われない努力もあるのですが、対応したことで自分自身の経験値は大きく上がります。間違いなく度胸がついて、次はもっとうまく対応できるでしょう。上司や同僚に任せきりにして他人事のように外側から眺めているだけでは、何も学べません。

頭の中で謝罪の言葉を考えるより、まずは相手に顔を見せること。シンプルな言葉でいいからメールで報告すること。うまくいっているときより、うまくいっていないときこそ行動力が問われます。

我慢を我慢と思わない

トラブルで求められるのは我慢する力です。これは僕も実感することですが、その場の感情に突き動かされてしまうと、事態はより悪化します。あまりに理不尽なことをされた場合は怒ってもいい、席を立ってもいいという人もいますが、そんなことをしてもいいことは何ひとつありません。

以前、ある企業の経営者に、経営者の仕事で何が一番大事でしょうか、と聞いたら「我慢」という答えが返ってきました。そのとき僕はあまりピンときませんでした。日頃の仕事ぶりからは想像できなかったのです。

だけどあとでその企業の社員から、社長がクライアントからの電話を受けていたときのことを聞いて、そこまでのことを言っていたのだと感心しました。長々と続く電話は、相手からの無理な要望で、社長は静かに相手の言い分を聞き、ていねいな言葉を返し、本当に誠実に対応していたそうです。長い電話がようやく終わり、静かに受話器を置いた途端、社長は大声で「チクショウ！」と叫んだとか。

そこにいた社員たちは、いつも朗《ほが》らかなその人がそれほど大きな怒りをぶつける内容だったことを知ると同時に、そこまで我慢できるものなのかと感心したそうです。よくぞ電話中にキレないでいられた、自分ならもたない、と思うくらいしつこいやりとりだったとか。

仕事は、我慢の連続なのです。言葉に出さなくても、怒りが態度に表れてしまうことがあります。足を組み替えたり、腕組みをしたりすると、イライラしている様子は相手に伝わりますから、それでは我慢していることにはなりません。

怒りの沸点は、七秒しか持たないと聞いたことがあります。だからどんなにカッとなっても七秒やり過ごすことができれば、あとは自然とおさまります。もし怒りを爆発させそうになったら、七秒の我慢だと思ってください。そうするとかなり気持ちが軽くなるはずです。

僕は若い頃から、失礼なこと、理不尽なことがあっても怒りを爆発させるのではなく、トラブルにしっかりと向き合って解決したいと思っていました。なぜそんなことが起きるのか、どうすれば防げるのか、自分をどう変えればいいのかとひたすら考え込んでいたのです。

だけど結局、どんなに考えても本質の部分にはたどりつけませんでした。人は無意識に理不尽なことをしたり、気まぐれに意地悪をしたりするものです。

だとしたら自分の気が済むかどうかの問題で、自分が理解できなくても、事実をただ客観的に受け止めるしかないと思うようになりました。

失礼なことも理不尽なことも、日々を過ごしていれば普通にあることです。もちろんその瞬間は、わっと動揺する自分がいますが、七秒すれば、そんなことくらいあるよ、で済ませられるようになりました。怒らないからといって正義感がないわけではありませんが、どんな不測の事態が起きたとしても世の中はいろんなことが起きるものだ、と受け止めています。

僕にとって我慢は、忍耐というより理解です。自分を抑えて耐えるのではなく、ここはちょっと踏ん張っておこうと気持ちを強くもつようなイメージでいます。我慢を我慢と思わないのが、我慢をするコツかもしれません。

時間が解決してくれることもある

　これもある企業と仕事をしたときの話です。「一緒に事業を立ち上げませんか」と声をかけられて、僕は喜んで承諾しました。ビジネスとしても魅力的でしたし、会社にとっていい経験になりそうだと期待したのです。

　ところが指示されたことを踏まえて業務の提案をしても、ダメ出しばかりでまるで進みません。振り回されるだけ振り回されて業務はストップし、大げさでなく、集めたメンバーの大半が倒れてしまうような状況に陥《おちい》りました。

　多くのリソースをこの事業に割《さ》いていたので、その期は赤字を計上せざるを得ないところまで追い込まれ、これはもう無理だ、とこちらから事業の中断を申し出たところ、かなり相手を怒らせましたが、なんとか白紙に戻すことができました。

　僕にとっても、そしておそらく相手にとってもかなり後味の悪い出来事です。互いに顔も見たくないと思うほどの強烈な経験でした。

　ところが一年ほどした頃に、あるイベントを主催することが決まり、そのときの相手企業に案内を送ろうと思いついたのです。興味をもってくれる内容だと思ったので「もしよければ、いらしてください」と書き添えて送ったところ、当日、数名が足を運んでくれました。

これには僕もスタッフも驚いたのです。相手にとっても僕たちは、思い通りにならなかった、あまり好ましくないビジネス相手だったに違いありません。スタッフは、僕が全面的に矢《や》面《おもて》に立って交渉していたのを知っていますから「松浦さんは、挨拶する必要はありませんよ。私たちが対応します」と言ってくれたのですが、そういうわけにはいきません。

出ていって「最近はこんなことをやっています」と挨拶をしたら、相手がいきなり「その節は、申し訳ありませんでした」と頭を下げてくれたのです。時間がたって、自分たちが無理難題を押し付けていたことに気づいたと言われました。

互いのわだかまりが一瞬にしてほぐれた瞬間です。なんだか苦しい局面を戦い抜いた戦友のような気分になりました。あれだけ我慢をして、最後にぶつかり合ってご破算になったという、ビジネスでは典型的な失敗パターンですが、時を経て、新しい関係が始まることもあるのです。すぐにまた何かを始めようということではありませんが、とても友好的な関係になりつつあります。あのとき精一杯のことをしてよかったという気にもなりましたし、こういうことがあるから仕事は楽しいとも思いました。

僕は仕事では、なるべく相手のペースに合わせることを信条としていますが、こちらのリソースを守るために交渉することもあります。後味の悪い経験もそれなりにしていますが、「あそことは二度と仕事はしたくない」と決めつけてしまうと、イヤな感情が残るだけです。これは社内の人間関係にも同じことが言えます。たとえ裏切られても、この人のことはもう絶対に信用しない、と決めつける必要はありません。

トラブルになったことは事実としても評価は下さないでおきましょう。人と人との関係はどこでうまく回り始めるかがわからないから興味が尽きないのです。

「痛み分け」があっても仕方ない

依頼した仕事が、予想したクオリティではないことがあります。上司が部下に頼んだ仕事でも、会社と会社のやりとりでもそうです。

この場合、依頼した側が一方的にクレームするということにはならず、お互いの痛み分けになります。お互い、こんなはずではなかったということです。

約束ごとは、最終的には相手を信用することで成り立ちます。契約書を交わしても要求するクオリティを厳密に決めることは難しいですから、信じるしかありません。

　建築家に依頼して店舗をつくるときも完成してみると、予想とは違っていたと不満をもつことはあるでしょう。業務が始まると途中でいろんなことが起きて必ずしも予定通りには進みませんから、どちらか一方に責任があると断定できるものではありません。

　採用もそうです。面接をして、お互いに納得したはずが、一年経ったときに期待外れだったということはどんな職場でも往々《おうおう》にしてあります。そこで責任を追及するかというと、それはできません。採用した側にも責任があります。残念ながらミスマッチだったということです。

　もし仕事を依頼された側だった場合、責任は追及されませんが、次の仕事はないと思ったほうがいいでしょう。だけど、それは仕事をしていれば起こりうることです。期待値を超えたいと思って取り組んでも、すべてがうまくいくことばかりではありません。いつかチャンスがあれば、次はなるべくリターンを多くできるよう心がけましょう。

自分なりの解釈はいらない

トラブルが起きたとき、その場ですぐに反論したほうがいいという考えもあります。ボヤボヤしていると責任を押し付けられるから、言いたいことを堂々と主張すべきだ、というわけです。

僕にしても何かが起きて、言いたいことは山ほどあり、怒りを相手にぶつけたいときもありますが、その場では我慢するようにしています。

というのも事実と解釈は別ものだからです。何かが起きたとき、僕も含めて、たいていの人は事実を自分のいいように解釈しています。自分はこう言ったのに相手が理解していなかった、こういうときはこうすべきなのになぜ相手はそうしないのか、というように、自分の解釈にもとづいて、怒ったりストレスを感じたりしているのです。

でも事実はそうではなくて、誰かが何かを伝え忘れていたり、相手が好意でしてくれたことを勘違いしていたり、ということがあります。あとでそれがわかって、あのとき怒りをぶつけなくてよかった、とヒヤッとすることもよくありました。

多くの人は自分で処理できないことが起きたとき、自分なりに解釈しようと躍起《やっき》になります。解釈することで自分の気持ちを落ち着かせようとするのです。

でもそれは真の解決にはなりません。解釈をして事実を色づけするとどんどん事実から離れてしまいます。気持ちを落ち着かせてから、何が事実なのかを確認しましょう。

我慢することにストレスを感じたら、部屋に閉じこもってじっと考え込むのではなく、何らかの行動を起こすようにしています。ここが頑張りどころだと歯を食いしばって耐え抜くような頑張り方はしません。自分にとって試練に近いくらいの我慢を強いられるものであったとしても、できるだけそれが自分にとってつらいことにならないようにするのです。

散歩やランニングなどで身体を動かすこともいいですし、誰かと会って話をすることでもいいでしょう。参考になりそうな本を探して読んだり、好きな音楽をじっくり聴いたりすることもあります。

それで問題が解決できるほど、ことは単純ではありませんが、自分の内面だけで消化するのは難しい。僕も何度も経験してきたことですが、耐えなくてはと一人で踏ん張るよりも、行動することでつらい気持ちをほぐすほうが、解決への近道です。

時間だけは返すことができない

仕事を進めるためには時間を使います。トラブルが起きてプロジェクトが中断したり、やり直しになったときに、一番取り返せないのは時間です。そこまでに費やしてきた時間が一瞬にして無になってしまいます。金銭的に補償を求められることもつらいですが、もっとつらいのは「時間を返してください」と言われることです。時間は返すことができません。時間には、お金以上の価値があるのです。

人と会うときは、相手の時間をもらうのだと常に意識してください。その時間が有意義になるよう準備をし、面会中も誠実に対応しましょう。何かがあっても相手に「時間はムダではなかった」と思ってもらえるようなコミュニケーションを常に考えておくことが必要です。

そしてトラブルは、解決して終わりではありません。相手の時間を奪ったことも覚えておいて「これから」に生かすのです。自分の「これから」ではなく、相手の「これから」です。会うたびに「その節は」と詫びる必要はありませんが、プロジェクトの中で、使えるデータがあれば何かの機会に使う、次に似たような仕事があれば再度、依頼するなど、相手の力を見極めた上で時間を繋げられるといいのではないでしょうか。

察知能力を磨く

仕事では察知能力、つまりこれから何が起こるかを想像できる能力がとても大事だと思っています。それさえあれば、たいていのトラブルは乗り越えられるでしょう。

たとえば、台風で工場の機械にトラブルが起きたら、次に何が起きるのか。生産が遅れることはまず間違いがありません。すると、まずは現地視察、そして生産体制の立て直し、取引先への連絡、人員の調整など必要なアクションを思いつきます。

これが察知能力で、取引先の業績が絶好調なときは、さらなる追加注文があるかもしれませんし、部下の体調がすぐれないようなら、今、進めている作業に遅れが発生するかもしれません。

注意深く観察をしていると、次に何が起こるかを察知できるようになります。それができれば、たいていのことに動じないで対処できます。

トラブルが起きたとき、相手は何を一番問題視するかを察知できれば、そこを重点的にケアできますから、クレームを最小限に抑えられるでしょう。売り上げが思うように上げられないときは、キャッシュがいつ足りなくなるかを察知して早めに対策を練れば、トラブルを回避できます。

うまくいっているときはうまくいっているときなりの、うまくいっていないときはうまくいっていないときなりの察知能力が必要です。それを意識してもっていれば、慌てずにすみますから、トラブルにもしっかり向き合えます。

トラブルへの対応能力が高いのは、察知能力が高い人なのです。自分は今、この先に起こりうることをどれくらいの規模で、どれくらいの期間で想定できているかを考えてみてください。

大きなプロジェクトのスピード感を知る

これまで経験したことのない大きなプロジェクトを任されたとき、気になることのひとつがスピード感です。組織が大きければ大きいほど調整に時間がかかり、なかなか前に進みません。

僕もある大きなプロジェクトに参加することになったときは、関係者に挨拶をするだけで一箱分の名刺を使い切りました。次々と人に会い、必要に応じて何度も簡単なプレゼンをしたり、ブレストに参加したりするのですが、その間、プロジェクトはまったく進みません。僕が挨拶した人の中には僕が関わるプロジェクトとは直接、関係のない人もたくさんいて、そのほとんどが一度挨拶をしただけでした。半年から一年くらいをそれだけに費やしましたから、一体いつ始まるのかと思っていました。

だけど、大きな組織をもつ企業になってくると予算やスケジュールを調整するためには、それくらいの根回しが必要なのです。こちらから「早く進めましょう」と急《せ》かすのではなく、相手が必要だと思うことをすべてやって、「それでは始めましょう」と相手が言うまで待てるかどうかで、その先の進行がスムーズにいくかどうかが決まります。

相当な忍耐と体力を要しますが、「待つこと」も大切なコミュニケーションのひとつです。一度、顔を合わせてしっかり挨拶をしておけば、もし何かトラブルが起きたとしても「あのときの松浦さん」と思い出してもらえますし、そのおかげで憶測だけで悪く取られることも避けられるはずです。

大きなプロジェクトはいったんトラブルが起きるとその規模も大きいので、最初のコミュニケーションを大事にしましょう。「ただの顔合わせ」と気を抜くことなく、常に礼儀よく挨拶してください。そして、できるだけ議論はたくさん交わし、お互いの目線をあわせることに時間をかけることは大切なことです。

第六章　商売人として生きていく

商売は信用で成り立っている

商売とは、人がお金を出して手に入れたいと思うものを提供し、対価を得ることです。自分が作ったもの、考えたもの、仕入れたものを売ることはもちろん、時給制で働くアルバイトのように自分の労力を一時間いくらで売ることも、会社員のように給料を受け取って仕事をすることも商売だと考えることができます。

商売の基本は、継続することです。相手が損をしたと感じるような取引ではその商売は続かないでしょう。買ってよかったと思うものなら次もまた買いますし、周囲の人に「これがよかった」と伝えますから、どんどん売り上げが伸びていきます。

利益が大きくなれば、その製品やサービスを改良することや新しい製品を開発することが可能です。そうやってお金を循環させながら商売は育っていきます。

それでは、商売を継続するために何が必要でしょうか。設備より技術より大切なのは信用です。この商品なら買って損はしない。この店にはいつもいいものが置いてある。彼に頼めばきっと大丈夫だろう。そんなふうに信用されることで、商売は継続することができます。五十年、百年と続いている老舗や一流ブランドのもっとも大きな財産は、信用です。名前を見ただけで、ここなら間違いがないと思わせるだけの信用は、一朝一夕に築けるものではありませんから、とてつもない価値があります。

仕事でたびたび訪れる中国では、社会信用システムが構築されています。スマホを使うモバイル決済が普及して現金を扱うことが極端に減り、そのせいか街の治安もすごくよくなっていますが、変わったのはそれだけではありません。

モバイル決済が社会信用システムとつながって、国民の一人ひとりの信用がポイント制になっています。献血をするとポイントがプラス、レンタル自転車を返却しないとポイントがマイナスといったように、あらゆる行為がポイント化され、その合計ポイント次第では、家が借りられなかったり、航空券が買えなかったりするのです。だから中国人は、とても行儀がよくなったと言われています。

いま中国で大事なのは、お金より信用です。お金があっても信用がないと家が借りられないのですから。

これまで目に見えなかった信用がこうして数値で表されるようになると、商売でも信用はこれまで以上に大事になってきます。

信用を得るためには、礼儀正しく正直であること。相手の不利益になることはしない。商売では常にそのことを意識しましょう。

武器＝自分の強みを知る

商売では、自分たちがどんな武器を持って戦うのかを常に確認する必要があります。自分たちの強みはどこにあって、どういう土俵で勝負するのか。

たとえば建築事務所であれば、それぞれ得意にしている分野があります。個人住宅が得意だというだけでは強みとは言えません。そんな事務所はたくさんあるからです。「自然素材を使った住宅なら任せてください」とアピールできれば、それに興味のある人はもっと話を聞きたいと思うでしょう。自分たちの武器を自覚して、その分野のシェア拡大を目指せば、商売を大きくすることができます。同業他社との違いを明確にすることで、相手が必要としてくれるのです。

会社の理念を大きく掲げている組織でも、自分たちの強みについては意外とわかっていないことがあります。なんとなくわかっていても言葉にしていないから、それを生かせていない組織も多いのです。自分たちの強みを言語化して共有することが組織には必要です。そうすることで、積極的にその仕事を取りにいくことができます。

そこで覚えておきたいのは、自分たちの強みを生かせる場が来年にはなくなっているかもしれないということです。世の中の変化が早いので、自分たちの武器がいつの間にか時代遅れになってしまうことが頻繁に起きています。

僕は二十代の頃に、アメリカやヨーロッパで手に入れた古い雑誌や本の販売を始めました。当時はまだインターネットがなく、そうした本は簡単に手に入らなかったのです。僕の強みは、アートやカルチャーに関する本に詳しいことでした。誰かが「こんな本を探している」

と相談してくれれば、僕はすぐに探し出すことができるだろうと自信をもっていたのですが、インターネットが普及すると、そうした情報がこれまでより簡単に手に入るようになりました。僕の強みは、少しずつ強みではなくなっていったのです。

だから常に確認が必要になります。その武器は、本当に役に立つのか。武器はアップデートしなくてはいけないのです。

これは個人にも言えることで、自分は何を武器にして戦うのかをしっかり考えてください。武器なんて何もない、と諦めている人は、強みとはＴＯＥＩＣ八〇〇点のような立派なものでなくてはならないと考えているのではないでしょうか。まずは他人にはない自分の特徴を見つけられればいいので、声が大きいのも強みです。それをもとにどう戦うか。戦い方がわかってきたら次の武器を探しましょう。強みをそうやってスケールしていけばいいのです。

もしあなたがＴＯＥＩＣ八〇〇点のように強力な武器を持っていれば、それをさらに細分化してください。自分は話すことや聞くことよりも読むことが得意だ。同じ点数の人間のなかで英文の速読なら誰にも負けない、というように。そうすれば戦いやすくなります。

武器を上手に使うこともコミュニケーションのコツのひとつです。相手にわかりやすく自分や自分の会社をアピールすることができます。

勝つことをコントロールする

商売は、相手が得をしてよろこんでくれて、そのおかげで自分たちも利益が得られるという仕組みです。コミュニケーションにおいても常に相手のことを尊重します。だから、基本的に一人勝ちすることはあり得ません。

自分たちが有利になるように交渉するのが勝ちだとしたら、勝つ必要はないのです。なぜそうしたほうがいいのか。強引さもときには必要だという考えもありますが、それで相手を譲歩させるようなら、相手にとってあまりいい商売相手ではないので、信用は得られないでしょう。

自分たちの思惑《おもわく》を前面に押し出そうとすると、どうしても近視眼的になります。それでは大局をつかむことができず、長い目で見るとあまりいい傾向とは言えません。一歩引いたコミュニケーションを心がけていると、相手のことや仕事のことがよく見えます。

ビジネスにおいては、全戦全勝もあまりいい傾向とは言えないでしょう。いいことには必ずマイナス面がついてきます。成功には落とし穴がつきものですが、全勝して大きな成功を手に入れると、それについてくるマイナス面も大きくなるのです。僕は、八勝七敗くらいがちょうどいいと思っています。

勝つことが続くと勝ちに執着して負けることが怖くなり、余計なエネルギーを使うようになるでしょう。注目されることで、余計なリスクを負うこともありますし、敵を作ったり、嫉妬されたりすることもあります。

だから勝ちが続いたときは、このままどんどん行こうと燃えるのではなく、あえて静かに過ごすといいでしょう。失敗することで、改善点が見つかったり、方向性を変えたりできますから、マイナーチェンジを繰り返すことができます。

商売を長続きさせるためには、勝ちをコントロールすることも必要です。とはいえ、商売の目的は勝ち負けではないと知りましょう。

プロフィールを語れるようにする

プレゼン前にすごく練習をするという話をしましたが、僕は会社のプロフィールを語る練習もしています。プレゼンをしようとすると「ところで君の会社はどういうことをしているの?」といきなり聞かれることがあるのですが、これが意外とうまく話せません。自分の会社のことはよくわかっているはずなのに、いざとなると何からどう話していいかがわからないのです。営業先でも商品のことならうまく説明できるのに会社のことは説明できないという人もいるのではないでしょうか。

話す内容は、会社の歴史や理念、業務内容、経営者のことやオフィスのことなど、なんでもいいのですが、どれをどう話せば、会社のことをよくわかってもらえるか、興味をもってもらえるかを考えて準備しておくと、いざというときにとても役に立ちます。

たとえば、食品会社であれば、最後に「社食ではもちろんうちの製品を使ったカレーが一番人気です」と付け加えれば、相手はなるほどさすがだ、と思うでしょう。

そうやってうまく説明できれば、「よく知らなかったけれど、おたくの会社はなかなかいいことをやっていますね」と感心してもらえます。そういう反応をもらえることで自信にもなりますし、「会社の説明が上手」という強みにもなるはずです。

同じように自分のプロフィールも語れるようにしておきましょう。どこで生まれて、どこの大学を出てというようなありきたりのことを話す必要はありません。どんな経験を積んでなぜいまこの場に立っているのか、どんな未来を描いているのかなどを、相手がうざいと感じない程度にまとめます。あまり真面目すぎるよりも「ここで一回死にました」というように失敗談も入れましょう。長々と話す必要はありません。どう伝えれば感じよく受けとめてもらえるかを考えて、ある程度文章にまとめておくといいでしょう。

会社のプロフィールにしても自分のプロフィールにしても、自分から話す必要はありませんが、いざ聞かれたときにうまく答えられるかどうかはかなり重要です。

ぜひ準備しておいてください。

商売のアイデアは観察から育つ

僕は日々の生活でも仕事でも常に世の中を観察しています。観察することは、商売人の基本です。何かで読んだのですが、ある国税局員は、常に「税金をかけられるものはないか」と世の中を見回していると言っていました。なかなかの仕事人です。

観察は、商売を支えるヒントやアイデアになります。ただぼんやり眺めているだけでは仕事につながりません。コツは「なぜ」を素早くつかまえることです。

「なぜ若い人たちはフェイスブックよりインスタグラムが好きなんだろう」と思ったら、僕はすかさずメモします。忘れないようにするためです。すぐに調べることはできませんが、書き溜めておいて、あとで見直したときに面白いと思ったことを徹底的に調べます。

例えば「なぜタピオカ屋が人気なんだろう」と思えば、実際に行った人に話を聞いて、自分でも足を運びます。

「なぜＣＤの売り上げは落ちているのに、レコードはそれほどではないんだろう」と思えば、レコードショップに足を運んでどんなレコードが置いてあって、どんな人が来ているかを確かめ、さらに音楽好きの知人にも話を聞きます。

そんな疑問もすぐに理由が思いつくわけではありませんが、自分が疑問に思って調べたことは、貴重な一次情報ですから、ずっと自分の中に残ります。それがアイデアの種です。

ネットで見かけた情報はすぐに忘れますが、一次情報は記憶に残ります。そうやって観察と調査を続けることが大事なのです。そうやってわかったことを誰かに話すとたいていの人は面白がってくれて、さらに考察が広がることもあります。

すべての疑問の答え探しをするわけではありませんが、メモしておくだけでも意味があります。好奇心の記録の中から、アイデアが生まれてくるのです。

わからないことへの向き合い方は、その人を表します。すぐ「自分には関係ないことだ」

と切り捨ててしまうのか、さらに好奇心が湧いてもっと知りたくなるのか。あるいは何を観察していても疑問が思い浮かばないという人もいます。

アイデアは、生まれながらに創造力をもっている人だけに宿るわけではありません。日々の観察の積み重ねがやがて芽を出すのです。

オンとオフは無理に切り離さない

僕は二十代、三十代の頃、オンとオフをしっかり区別して、どちらかと言えば、オフを大切にしていました。自分のライフスタイルを大切にして、心地よい暮らしがあり、オフが充実しているからこそ仕事で頑張れる。遊びを頑張ることで、仕事にフィードバックできて高いクオリティでアウトプットができると思っていたのです。休日は、仕事から離れて心と身体を充電する時間で、そのことにとても価値を感じていました。

だけど四十歳を超えてから、休日に仕事のことを考えないようにするとかえってストレスがたまるようになりました。どこかへ出かけても、無理やり遊んでいるような気分になるのです。

最初は戸惑いました。僕はずっとライフスタイルが大事だと説いてきましたから。なんとなく自分の中に矛盾を抱えているような状態が続いて、あるとき、もうこれは認めるしかないと心を決めました。

いま僕の毎日はほとんど仕事で埋め尽くされているのですが、まったく苦痛ではありません。休日も関係なく仕事をしています。もちろん家族との時間はとりますから、現実に日々が仕事で一〇〇パーセント埋まっているわけではありません。だけど、仕事をわざわざプライベートと切り離す必要を感じなくなっています。

それでは疲れがたまる一方だ、と昔の僕なら懸念したでしょうが、いまはリラックスしながら仕事ができるようになりました。

僕は「いま一番楽しいことはなんですか?」と聞かれたら「仕事です」と即答します。ほとんど寝ても覚めても仕事のことを考えていますが、それが楽しいのです。誰かとご飯を食べに行ったり、映画を見たり、旅行に行くのも楽しいのですが、仕事の楽しさと比べると霞《かす》んでしまいます。おそらく年齢や仕事の内容、ポジションにもよるでしょう。若い頃は、リラックスしながら仕事をするなんて無理でしたが、いまは自分が楽しいことをしているのですから、ストレスがたまるはずがありません。

すべてが思い通りになるわけではなく、緊張することも理不尽な目にあうこともあります。不安になったり、弱気になったりすることも少なくないのですが、それらすべてを含めて楽しいと思えるのです。

ある経営者が言っていました。大事なのは、人生を賭けてやろうと思う仕事を見つけられるかどうかだと。僕はいま自分の人生を仕事に賭けています。三十代のときには知らなかったことですが、仕事にはそこまでの楽しさと魅力があるのです。

体調をしっかり管理して、ぐっすり眠る

僕は毎朝、五時前には起きています。それから支《し》度《たく》をして仕事を始めるのがだいたい七時くらいでしょうか。そこから二時くらいまでは集中して仕事をして、それ以降は人と会ったり、ミーティングをしたりしています。

僕が自分自身の力を発揮できる、つまり一番高性能な自分でいるためのワークスタイルがそのパターンです。無理して早起きをしているのではなく、原稿を書くにしても七時から書くのと、夕方の五時、六時に書くのとでは明らかにパフォーマンスが違います。夕方に二時

間かかるものが、朝なら三〇分くらいで終わりますから。

僕の最適なワークスタイルはたまたま朝型ですが、人によっては夜のほうが、効率がいい場合もあります。大切なのは自分が最高のパフォーマンスを発揮するためには、どういうスタイルが合っているかを知ることです。

もちろん体調管理もパフォーマンスに影響します。僕にとってもっとも大切なのは睡眠時間を確保することです。そこで最近、会食は週に一度と決めました。会食はクライアントや仕事の関係者と、採用のためなど、しようと思えばキリがありません。朝型の僕は、帰りが遅くなると必然的に睡眠時間を削ることになります。すると僕にとっては一番仕事に集中できるはずの朝に力が入りません。もちろんメンバーの都合で夜にミーティングをすることもありますし、トラブルが起きれば、夜遅くまで起きているのがつらいとは言っていられませんが、できる限り一〇時には寝るようにしています。

自分の最適なパターンを見つけて、それを習慣にしてしまうと無理なく体調管理ができるようになります。

心の体調管理も大切です。

僕は週に一、二回走っていますが、これは運動不足の解消のためというよりは、むしろ心のため。身体を動かして汗をかくという単純な動作を続けることで、心が整うのです。

いろいろな局面でなるべく心が爆発しないようコントロールしていますが、不安感や恐怖心のようなものは、知らないうちにたまっています。走っているときは一人になれますし、その瞬間だけは、いろんなことを忘れられますからとても気持ちが軽くなります。心の凝《こ》りのようなものが、走ることで緩和されるのです。

ただこれも限度があって、毎日走らないと気持ちが悪い、となってしまうとやや依存性が出てきます。自分がスッキリする方法がそれしかない、自分の力ではメンタルを整えられなくなってしまうのも少しまずい気がするので、毎日走りたくなったら、逆に注意しようと思っています。

身体と心を整えることは、ビジネスパーソンの大切な仕事のうちの一つです。

何があっても気にしない

社内で会議をしていると、真剣であればあるほど怒りに近いような感情が湧《わ》いてくることがあります。なぜうまくいかないのかと議論しているうちに次第に熱を帯びて、大声を出したり、机をバンッと叩く人なんかもいたりするのです。これは慣れていないとけっこうダメージを受けます。尋問されているような気分になったり、自分とは関係がなくても、ハラスメントのようだと身が縮こまったりするのです。

僕もあまり人と言い争うことが好きではありませんし、若い頃なら確実にダメージを受けていました。だけどいまは平気です。怒鳴られようと罵《ののし》られようと平然としていられます。なぜかというと、誰も怒っていないし、誰かをいじめようとしているわけではないことがわかったからです。

声が大きな人、追及するような言い方をする人はいますが、気にする必要はありません。仕事の現場によっては、激しく言い争うことがわりと頻繁にあるところもありますが、悪気があってのことではなくて、そこは感情的になりやすい現場なのです。そういうところは、終わったらみんなケロッとしてあと腐れがありません。

感情的になりやすい人も、意地悪くネチネチいう人も一定数いますが、一切気にしなくていい。人はときに意味もなく切れることがあります。それだけのことです。仕事をしていれば、そういう人とも出会います。初めてのときは驚くと思いますし、そうそう慣れるものではないのですが、真正面から受け取らないようにしてください。

難しいことですが、どんなときも冷静であることがとても大事です。目の前で起きたことは、できるだけうろたえないで受け入れましょう。

僕が心がけているのは、日頃からいろいろなパターンをイメージしておくことです。突然、相手にキレられることもあれば、突然異動を言い渡されることもあります。自分自身の状況に応じて想定しておくと、冷静でいられるでしょう。

悪いことを想定して不安になるのではなく、「あること」として受け入れてください。その状況になったとき「やっぱり、こういうことはあるんだな」と思いながら眺めていれば、動揺せずにすみます。そのほうがダメージを最小限に食い止められますから、すぐに対策できます。

予測がつかないことが次々と起こるのが世の中です。僕は人も社会も基本的には不完全で、ものすごくはかないものだと思っています。諦めているわけではありませんが、嘘や偽りもあれば、理解できないこともたくさんあるのです。

どんなに理不尽なことが起きても、それで心がやられてしまうようなことにならないでください。どうか自分で自分の心を守ってください。

自信という武器を身につける

会いたくない人に会いに行くとき、大切なプレゼンの前、トラブルが起きたとき、くじけそうな気持ちを奮《ふる》い立たせてくれるのは、自信です。自信とは、立派な自分にだけ宿るものではありません。どんな自分であってもいいのだと自分を信じることです。

どうしても自信がもてないという人は、まずは自分を観察してください。自分としっかり向き合えていないから、自分がわからないのです。観察していると、最初はイヤなところや弱いところ、人に知られたくないようなところばかりが目につくでしょう。あまりいい気分はしませんが、それでも根気強く続けると、そのうち自分に対する過剰な期待がなくなり、ダメなところも受け入れられるようになります。これが自信、すなわち自分を信じることにつながるのです。完璧を求めないからこそ、失敗への恐れがなくなり、それでもやってみようと勇気が出ます。

自信とは、自分の立派な部分に誇りをもつだけではなく、自分にはダメなところもあるけれど、それでもやっていけるだろう、と信じること。うぬぼれと自信は違いますし、甘やかすことと自信も違います。冷静に自分を観察することで得られた自信は、仕事をする上での最大の武器になります。

失敗にこだわらない

やるべきことが見えているのに尻込みする。アイデアはあるのに実行できない。ダメだったときのことばかり思いつく。そんな人は、結果にとらわれすぎているのではないでしょうか。

僕は失敗をしたら、「失敗したな」と思うくらいです。一つひとつ振り返りながら、あれがこうだった、これがこうだったと一人反省会をすることはありません。反省する時間があれば、次の仕事のことを考えます。失敗は自分の中に経験として蓄積されていますから、自然とチューニングはできるものです。

僕はうまくいったときも同じで、達成感に酔って立ち止まることはありません。自分が次になすべきことに目を向けて前に進みます。

ここまで話してきた通り、仕事では失敗をしたら終わりということはまずありません。失敗は、ある意味では「おいしい」経験です。それで注目されたり、一発逆転のチャンスでもあります。人は順調な人生より失敗の多い人生に共感しますから、そういう点でも悪いことではありません。優等生が成功するより、劣等生が成功するほうが、注目を集めます。

そして失敗は、とてもいいネタです。信頼する経営者たちはよく言っています。人生にどんな深刻なトラブルが起きたとしてもすべてネタにして商売をするよ、と。不謹慎と思われるかもしれませんが、彼らは病気になっても破産してもすべてネタにして、商売をするだろうと言うのです。失敗しても怒られても、それをネタにして話をすれば、楽しんでくれる人はきっといます。そう思うととても気がラクになります。

自分で自分を信じましょう。何が起きても大丈夫です。不安があるなら、どうすればそれをつぶすことができるかを考えてください。失敗は恐れるに足りません。

上司は部下を安心させるのが仕事である

部下を持つようになったら気をつけて欲しいのが、上司は部下に心配させてはいけないということです。

僕は、大変だとか、疲れたとか、ネガティブな発言は一切しないようにしています。眉間《みけん》にしわを寄せている、疲れた顔をしている、不機嫌になる、そういう姿も見せません。大切なプレゼンや、経営会議のときもできるだけ朗《ほが》らかにしています。

マネジメント側にいる人間は、何があっても安定していないとダメです。自分の底を見せるようなことをしてはいけません。安定しているから、周囲は信頼してくれるのです。何かあるたびに怒ったり、泣いたりしている人のもとで仕事をしたいと思う人はいないでしょう。

何があっても絶対に大丈夫だという安心感を与えておかないと、部下はしっかり仕事をしません。親と子の関係と同じですです。何があっても絶対に受け止めてもらえるという安心感があるから子どもは成長します。両親が大変だ、疲れたといつも口にしていると、子どもは思い切り何かに打ち込むことができません。

上司の仕事は、部下に安心感を与えること。何かあったときは、責任をとることは上司の宿命ですし、覚悟は必要ですが、まずは部下を安心させることを心がけましょう。

すべての部下と平等に接する

上司は、そもそも存在自体がハラスメントです。立場が高くなればなるほど、そうなります。そういう人たちが多く出席する会議に参加したときに、彼らの存在や発言が立派であればあるほど、威圧感を感じる人はいるのだろうと思いました。

僕も部下を持つ身ですが、挨拶をしても指導しても親切でしたことでも、部下にとってはハラスメントになりうるという意識がいま必要です。いい上司でいようとしただけでハラスメントになることさえあります。それはもうマネジメントをする側の宿命として、意識していないと、いいマネジメントはできないのではないでしょうか。

たとえば、十人いる部下のうちの誰か一人と昼休みにランチに行くとします。それで部下のうちの誰かが「なぜ私を誘ってくれないのか」と感じたらハラスメントですから。平等に扱わないとそうなります。声をかけることも、何かでフォローすることもそうです。声をかけやすい人、かけにくい人がいるとしてもそれは関係ありません。

マネジメントで、何が大事かというと部下を平等に扱うことです。そうしないと少しずつ不穏《ふおん》な空気が漂《ただよ》うようになります。誰かと笑って話をしていたというだけでダメだというとても厳しい世界です。自分が部下のためと思ってやっていることすら見方によってはハラスメントになります。

ここでも大切なのはコミュニケーションです。僕がそのためにやっているのが、一対一の面談「1on1《ワンオンワン》」です。ほぼ毎日順番にやって、全員に「何か困ったことはありますか」と聞き続けています。

これまでも会社では上司が何かを確認したり、伝達したりするために部下を面談することがありましたが、1on1の目的は、部下の話を聞くことです。評価シートがあるわけでもないですから戸惑う人もいるようですが、部下に対して、あなたのことを常に気にかけています、困ったことがあったらいつでもサポートします、という姿勢を見せることで、部下は安心してついていくことができます。こちらとしても、この人はいまこんなコンディションでこういうことができる、と把握できれば、成長の機会をそれぞれに提供しやすくなりますから。

時間は五分、一〇分でいいから、続けることが大事です。向かい合わせに座ると威圧感があるので、僕はたいてい横座りします。あと僕がよくやるのは、散歩に誘うことです。歩きながら話すと互いにリラックスできますし、自然と話が弾みます。

注意したいのは、干渉しすぎないようにすること。ついトラブルを抱えている部下に手助けしたり、部下同士のトラブルの仲裁に自分が乗り出したりしそうになるのですが、なるべく控えるようにしています。人間は多少のストレスがないと成長しないのです。つい張り切って解決したくなるのですが、自制しています。そうすることで部下に対する平等性や客観性を保てます。

自分にはマネジメントが向いていないのではないか、と悩むこともありますが、僕自身の成長の機会ととらえています。

チームには数値化できない価値がある

「おいしい健康」で僕は共同CEOという立場で仕事をしています。これは、いわゆる社長が二人いる状態です。一緒に仕事をしているパートナーとは、少し古い考え方ですが、結婚に近いと思っています。

夫婦はしょっちゅう言い合いをしていても余程のことがない限りは別れません。ケンカするほど仲がいいというのは、なかなかいいたとえで、腹を割って話すことで関係性が深まることがよくあります。

最近は、ビジネスパートナーやチームのメンバーとも、ケンカなしでは仲良くなれない、いい仕事なんてできないとまで思っているほどです。基本的には相手の言っていることがわからないから言い争いになるわけで、そこで互いに言いたいことを言う関係性を築けないと、高いクオリティを生み出せません。

トップになると自分と違う意見を排除したくなることがあります。自分に権限があり、責任も負うのだからそれでもいいのですが、採まれないままの意見は、時に独善的です。本当にそれが正しいのかどうか、別の可能性がないのかがわかりませんし、そういうトップがいる組織では、部下たちは自分の意見を言わなくなります。その状態は、あまり健全とは言えません。

僕も彼とは結婚したくらいの覚悟でいます。少々のことでは別れない約束をして、言いたいことを言い合う関係です。周りはこの二人、もう別れるんじゃないか、今日で終わるんじゃないかと思うことがあったとしても、僕たちからすると別れないことが前提だから言い合えるのだと思っています。

会社のメンバーやプロジェクトのメンバーとも少々のことでは関係を解消しない関係です。だからこそ互いの信頼感のもとで言いたいことが言い合えるのは、仕事を進める上でとても心地いいと感じます。財務諸表を見ながら「これが少し足りない」などと話をしていると、家計簿を見ているような気分です。

僕はずっとフリーランスでやってきましたし、編集長時代、部下はいましたが、相談相手がいたわけではありませんから、誰かと協力しあって何かを目指すというのはこれが初めてです。

ひとりで仕事をしていると努力と成果がわかりやすく繋がっています。頑張れば頑張った分だけ成果が上がるのです。だからチームで協力しあって成果を上げることに対して、どこか懐疑的でした。やはり大切なのは、個人の力ではないか、と思っていたのです。

ところがチームで仕事をするようになり、そこには数値化できない価値があるとわかりました。意見と意見をぶつけることで、まったく違うものが生まれてくること。誰かのミスをカバーしようと頑張った結果、予定より早く仕上がること。場を盛り上げるのが上手な人、気遣いができる人、ただただがむしゃらに仕事に取り組む人、それぞれによさがあり、そうした個性が融合してチームが完成し、予測できなかったような成果が上げられるようになるのです。

常に四番打者を目指していた僕は、ようやくチームで仕事をすることの素晴らしさを知りました。これまで自分はひとりでやっていると思っていたけれど、当時から人に助けられてもいたのです。パートナーを得て、チームで仕事をすることでもコミュニケーションの大切さを学んでいます。

十年後をイメージする

二十年前の僕は、今ほど仕事が面白いとは思っていませんでした。若い頃は、責任もそれほど大きくなく、大きな成果を上げられるわけでもない。対価もそれほどもらえませんから、楽しいと思えなくて当然です。

だから、趣味や暮らしを大切にして、バランスをとることで自分を保ちます。仕事から離れる時間を意識的に作ったほうがいいのです。それは人間形成をしていく上で必要な過程だったと思っています。

だけど続けていると、楽しくなってくるのです。イヤだったはずの仕事が。経験を積むことで、自分がやることが人から喜ばれたり、感謝されたりして、成果を感じられるようになってくる年齢があります。それまでは、上司に怒られ、取引先から嫌味を言われ、同僚が優秀に見えて、うんざりするような気持ちもあるのですが、仕事の成果にリアリティが出てきて、誰かに言われなくても自分が果たした役割がわかるようになるのです。

どんな職種であっても、そうやって自分なりの手応えが感じられるようになってきます。だからもし今、仕事に対して戸惑いがあるなら、その気持ちはいつか変化しますよ、と伝えておきたいと思います。今の状態が永遠に続くわけではありません。それが成長ということです。

「ほどほどがいい」という考え方があります。がむしゃらに取り組んでも欲しいものが得られるとは限らないし、つらい思いをするのはできれば避けたい。

人とほどよい関係を築いて、ほどほどに楽しい人生もいいのですが、その人生に、足がすくんで前に進めないような緊張や世界が終わったかと思えるほどの落胆、何かを成し遂げたときに味わう世の中のすべてを味方につけたような喜びは、あるでしょうか。全力で仕事に立ち向かっているときの充実感はとても心地いいものです。「ほどほど」とは成長を諦める言葉のように思えます。

僕は会社を経営する立場になって、仕事の厳しさがぐんと増しました。必要な資金を調達することや営業にいくこと、人をマネジメントすること、そして結果を出すこと、すべてが厳しいことの連続です。

会社経営は一年で終わりではありませんから、どんなふうに実績を出し続けるかがとても難しいと感じます。今、目の前の利益に飛びつくと五年後にはきっと赤字になるだろう、という局面は数限りなくありますし、それぞれの決断には常に説明責任が生じます。

それでも楽しいと感じるのは、毎日が濃密で充実感があるからです。五十代になっても僕は自分が成長していることを感じます。

仕事がつらいと感じるときは、十年後の自分をイメージしてください。苦しく思うことも未熟に思える部分も、十年後には必ず成長しています。僕は五十代になって時間を長い目で見られるようになりました。不得意だったことが、何年か経てば得意になっていることもあります。自分や周囲の人たちを見ていて、人生は悪いことばかり続くわけではないことも知りました。そう思えるようになったのは時間がくれたギフトのように思います。

そのためにも日々の少しの頑張りを大切にしましょう。どうせ無理と諦めるのは人生そのものを諦めてしまうのと同じです。

何かほかに方法はないだろうか。そう思ったときに、この本を開いてください。

松浦弥太郎（まつうらやたろう）

エッセイスト、編集者、クリエイティブディレクター。1965年東京・中野生まれ。若き日にアメリカで書店文化に触れ、古い洋書を扱うエムアンドカンパニーブックセラーズを立ち上げる。2003年、COW BOOKSを中目黒にオープン。2005年から9年間『暮しの手帖』編集長を務め、現在は（株）おいしい健康・共同CEOとしてウェブメディア「くらしのきほん」を主宰する。著書に、『着るもののきほん100』（小学館）、『今日もていねいに。』（PHP文庫）、『100の基本』（マガジンハウス）などがある。

期《き》待《たい》値《ち》を超《こ》える 僕《ぼく》が失敗《しっぱい》しながら学《まな》んできた仕事《しごと》の方法《ほうほう》

2020年3月30日初版1刷発行

著　者 ―― 松浦弥太郎
発行者 ―― 田邉浩司
装　幀 ―― アラン・チャン
印刷所 ―― 堀内印刷
製本所 ―― ナショナル製本
発行所 ―― 株式会社光文社
東京都文京区音羽1-16-6（〒112-8011）
https://www.kobunsha.com/
電　話 ―― 編集部03（5395）8289　書籍販売部03（5395）8116
業務部03（5395）8125
メール ―― sinsyo@kobunsha.com

　ISBN 978-4-334-04462-6

1053
女性リーダーが生まれるとき
「一皮むけた経験」に学ぶキャリア形成
野村浩子

女性の思考と行動が社会を変える——。四半世紀にわたって女性リーダーの取材を続けてきた著者が国内外の女性役員にインタビュー。キャリア形成のヒントを探る。【推薦・金井壽宏】

978-4-334-04463-3

1054
自己分析論
高橋昌一郎

「私とは何か」は答えのない問いだから、日本の学生が苦しんで当然。就活で便利ツールを使った攻略法から人生における「本当の自分発見」まで。探究を続ける人のための道案内。

978-4-334-04464-0

1055
搾取される研究者たち
産学共同研究の失敗学
山田剛志

突然届いた特許の「権利放棄書」、企業からの無理難題、研究者を守らない大学、心を病む助教、院生、学生……。産学共同研究政策は、研究者のためになっているのか?

978-4-334-04465-7

1056
芸術的創造は脳のどこから産まれるか?
大黒達也

創造性とは何か? 脳科学や計算論、人工知能に関する膨大な論文を通じて、「天からの啓示」とされる閃きのメカニズムを解析。カギは「脳の潜在記憶」にあった。

978-4-334-04466-4

1057
「自分らしく生きて死ぬ」ことがなぜ、難しいのか
行き詰まる「地域包括ケアシステム」の未来
野村晋

何が「地域包括ケア」の実現を不可能にしているのか。現役厚労官僚が柏市や岡山市での実践を基に具体的な行政手法を紹介。自治体や医療・福祉関係者、企業や市民に次の一歩を促す。

978-4-334-04467-1